Karl Fr. Th. Meyer

Die provenzalische Gestaltung

Karl Fr. Th. Meyer

Die provenzalische Gestaltung

ISBN/EAN: 9783743484368

Hergestellt in Europa, USA, Kanada, Australien, Japan

Cover: Foto ©ninafisch / pixelio.de

Manufactured and distributed by brebook publishing software
(www.brebook.com)

Karl Fr. Th. Meyer

Die provenzalische Gestaltung

AUSGABEN UND ABHANDLUNGEN
AUS DEM GEBIETE DER
ROMANISCHEN PHILOLOGIE.
VERÖFFENTLICHT VON E. STENGEL.
XII.

DIE PROVENZALISCHE GESTALTUNG DER MIT DEM PERFECTSTAMM GEBILDETEN TEMPORA DES LATEINISCHEN.

(NACH DEN REIMEN DER TROBADORS).

VON

KARL FR. TH. MEYER.

MARBURG.
N. G. ELWERT'SCHE VERLAGSBUCHHANDLUNG.
1884.

Herrn

Professor Dr. Edmund Stengel

in dankbarer Verehrung

gewidmet

vom Verfasser.

Die Grammatik der provenzalischen Sprache hat in starkem Gegensatz zu den meisten anderen Gebieten der romanischen Philologie bis jetzt nur eine kleine Zahl von Bearbeitern gefunden, für den Theil aber, dessen Darstellung im Folgenden versucht werden soll, ist noch besonders wenig geschehen. Ausser dem betreffenden Abschnitt in Diez' Grammatik der romanischen Sprachen und der Monographie des Conjunctivus Imperfecti, welche Paul Meyer *(Romania* VIII, 155*)* gegeben hat, dürfte hier nur noch Suchiers Abhandlung über die französischen Perfecta der *ui*-Klasse zu nennen sein, welche auch deren provenzalische Gestaltung berücksichtigt. (Zeitschrift für rom. Philologie II.)

Diez gründet seine Darstellung noch vollständig auf die unzuverlässigen Schreibweisen der späten und meist von Ausländern angefertigten Handschriften; er hat ferner noch keine Stellung zu den Ausdrücken *larc* und *estreit* genommen, sondern schwankt zwischen der falschen, von Raynouard vertretenen Ansicht und der richtigen, wie sie Milá und Meyer aufstellen (vgl. Die beiden ältesten provenzalischen Grammatiken, pag. XX); und doch ist grade diese Unterscheidung von der grössten Wichtigkeit für die Erkenntniss bislang unerklärt gebliebener Erscheinungen. Die Arbeit von Paul Meyer *(Romania* VIII, 155) ist als eine Zusammenstellung von Thatsachen zu bezeichnen, deren Constatierung die nothwendige Folge der richtigen Auffassung von *larc* und *estreit* bildet; das Gruppierungsprincip — Vorhandensein oder Fehlen der Endung *et* in der 3. Sg. Perfecti — ist aber nur ein äusserliches.

Suchiers scharfsinnige und für das Französische ergebnissreiche Untersuchung entbehrt für das Provenzalische der sicheren Basis einer umfangreichen Materialsammlung, ein Mangel, der sich dem Verfasser selbst fühlbar macht und ihn mehrfach nöthigt, sich für wichtige Punkte mit Annahmen zu begnügen. (Vgl. Zeitschrift II, 262).

Die vorliegende Arbeit nun stellt sich die Aufgabe die Reimreihen der meisten provenzalischen Literaturdenkmäler, welche einschlägliche Formen enthalten, zu untersuchen und neben der Gestalt der Reimsilbe in erster Linie die Aussprache des Tonvocals festzustellen falls derselbe ein *e* oder *o* ist. Auf diesem Wege, das heisst an der Hand der Scheidung von *e* und *o larc* und *estreit*, wird man den Antheil erkennen können, welchen Schrift- und Vulgärlatein einerseits und conformierende Analogien andererseits an den vorhandnen provenzalischen Bildungen haben; mit einem Wort, man wird einen Eintheilungsgrund finden, der jedem Postulate gerecht wird, welches die genannten Formen darstellen.

Was den Reim zu einem Kriterium ersten Ranges erhebt, das ist die Sorgfalt, die dem vocalischen Element der Reimsilbe nicht nur in guten, alten Texten sondern auch in denen der spätesten Zeit zugewendet wird. Erst seit den letzten Jahren aber würdigt man voll und ganz die Bedeutung der in der Schrift verwischten Vocalnüancen für die Erkenntniss des Organismus der romanischen Sprachen. Es ist in dieser Beziehung anzuführen, um von Leistungen auf verwandten Gebieten zu schweigen, die Arbeit von Paul Meyer (*Mémoires de la société de linguistique* I, 145): »Das *o* im Provenzalischen«; der Aufsatz von Thomas in den *Archives des missions scientifiques et littéraires* IIIième *série*, *tome* 1er, sowie die Dissertation von Wichmann »Über die Aussprache des provenzalischen *E*« Halle 1881. Die letzgenannte Untersuchung namentlich weicht in ihrer Anlage schon ganz von der bisher üblichen Art der Feststellung ab, die, allein auf Notizen des Donat oder einigen zufällig herausgegriffenen Bindungen fussend, nur unzuverlässige

Resultate liefern konnte. Möglichste Vollständigkeit des Materials muss an erster Stelle und unbedingt gefordert werden, denn nur diese vermag Sicherheit in den Ergebnissen zu gewährleisten und eine solide Basis weiterer Arbeiten zu schaffen.

Für die vorliegende Untersuchung wurden die Reimreihen der provenzalischen Lyrik und, bis auf einige Ausnahmen, auch die der Epik und der Didaktik herangezogen; ausserdem fanden die Formen der ältesten Denkmäler bis auf Wilhelm von Poitiers sämmtlich Berücksichtigung und sind den spätern vergleichend gegenübergestellt. Es ist natürlich nicht die Absicht für landläufige Formen erschöpfende Belege beizubringen, dagegen aber sollen die für seltne und wichtige Bildungen womöglich *in extenso* aufgeführt werden.

Erklärung der vorkommenden Abkürzungen.

Ä. D. Die ältesten provenzalischen Sprachdenkmale.

Agn. Sancta Agnes. Provenzalisches geistliches Schauspiel, herausgegeben von K. Bartsch. Berlin 1869.

A. G. d. Mars., Ens. Arn. Guill. de Marsan, Ensenhamen. Bartsch Leseb. 132 ff.

A. P. R. Anciennes poésies religieuses en langue d'oc p. p. Paul Meyer. Paris 1860.

Arn. d. Mar. Das didaktische Werk des Arnaut de Maruelh; Raynouard, Chx. IV, 405.

Boeth. Das Fragment von Boethius.

Brev. Le Breviari d'Amor de Matfre Ermengaud p. p. G. Azaïs.

Crois. Chanson de la croisade albigeoise p. p. Paul Meyer.

Diät. Diätetik; Such. D. I, 201.

D. Prad., Rom. The Romance of Daude de Pradas on the Four Cardinal Virtues, edited by Austin Stickney.

D. Serm. Deux Sermons. (Dieses Stück wird nach der Publikation in der provenzalischen Chrestomathie von Bartsch, 4. Auflage 1880, citiert (B. Chr.).

E. J. Evangelium Johannis, Kap. 13—16, nach der Londoner Handschrift.

Enim. Das Leben der heiligen Enimía; B. Denkm., p. 215 ff.

Ens. del guarso. Lunel de Monteg, Essenhamen del guarso. B. Denkm. 114.
Ens. d. l. dons. Amanieu des Escas, Essenhamen de la donzela. B. Leseb. 140 ff.
Ens. d. l'esc. Amanieu des Escas, Essenhamen de l'escudier. B. Denkm. 101 ff.
Fab. Fabel, Romania III, 291.
Flam. Le Roman de Flamenca p. p. Paul Meyer, Paris 1865.
F. Lun., Rom. Folquet de Lunel, Romans. Ausgabe von Eichelkraut.
FZeich. Übersetzung des altfranzösischen Gedichtes von den fünfzehn Zeichen des jüngsten Gerichtes. Such. D. I, 156.
G. d. Cabr., Ens. Guiraut de Cabreira, Ensenhamen. B. Denkm. 88 ff.
G. del Oliv. Die Sprüche des Guir. del Olivier d'Arle; B. Denkm. 26 ff.
G. Folq. Gui Folqueys, die sieben Freuden Marias; Such. D. I, 272.
Hon. La vida de sant Honorat p. p. Sardou.
Jauf. Der Roman von Jaufre; Raynouard, Lex. Rom. I (R) und K Hofmann, Sitzungsberichte der bairischen Academie. 1868. (H).
KJes. Das Evangelium der Kindheit Jesu. B. Denkm. 270 ff.
Nic. Das Evangelium Nicodemi; Such. D. I, 1 ff.
NPap. Arnaut de Carcasses: Las novas del papagai. B. Chr. 259 ff.
PCard., U. C. Paire Cardenal, Una ciutatz . . . B. Chr. 175.
Planch s. pl. Planch sobre planch. Arbaud, Chants populaires de la Provence; p. 229.
Ross. Girartz de Rossilho.
R. Vid. Die Novellen des Raimon Vidal.
I. Castia gilos; Rayn. Chx. III. 398.
II. M. G. 341.
III. Klage über den Verfall höfischen Lebens; B. Denkm. 144—192.
Sen. Seneca (Lo savi). B. Denkm. 192 ff.
SEst. Planch de sant Esteve, B. Chr. 21.
SFreund. Die sieben Freuden Marias, Such. D. I, 85 ff.
SReue. Des Sünders Reue; Such. D. I, 214 ff.

Die Citate sind in der Arbeit in einer dem Inhalt der betreffenden Werke entsprechenden Folge geordnet. Ich gebe hier eine Übersicht.
Ä. D. Boeth. — E. J. — A. P. R. — D. Serm. —

Epik: Ross. — Jauf. — Crois. — SEst. — Hon. — Enim. — Nic. — KJes. — R. Vid. I, II, III. — NPap. — Flam. —
Didaktik: D. Prad., Rom. — F. Lun., Rom. — Planch s. pl. — SFreud. — G. Folq. — FZeich. — SReue. — Arn. d. Mar. — G. del Oliv. — Sen. — Diät. — P. Card., U. C. — Fab. — Ens. d. l. dons. —

Ens. d. l'esc. — Ens. d. guarso. — A. G. d. Mars., Ens. — G. d. Cabr., Ens. — Brev. — Agn. —

Um Raum zu gewinnen sollen bei der Zusammenstellung der Reimreihen die Dichter, welche die betreffenden Formen verwenden, nicht namentlich, sondern durch die Nummer bezeichnet werden, die sie bei Bartsch (Grundriss) führen. Jeder Reimsilbe geht ein Verzeichniss der Hss. etc. vorauf, aus denen geschöpft ist, wobei wieder an der von Bartsch eingeführten Bezeichnungsweise festgehalten werden wird.

I.

(Die Accente deuten den Tonvocal an, ein Acut auf provenzal. *e* oder *o* geschlossene und ein Gravis offne Aussprache. Der Ictus bei den aus den Ā.D. entnommnen Formen bestimmt allein die Lage des Tones).

Die Reimuntersuchung zeigt, dass für den Conj. Imperf. des Provenzalischen, von einigen später zu besprechenden Ausweichungen abgesehen, 3 Endungen: *és*, *is* und *ès* charakteristisch sind. Diese Dreitheilung, welche sich ebenso auch für die anderen Formen des Praeteritalstammes durchführen lässt, ist geeignet den Organismus der provenzalischen Conjugation klar zu legen. Vollziehen wir nämlich die Gruppierung der Perfecta nach den eben genannten Kriterien, nach der Gestaltung des Conj. Imperfecti, so wird sich zeigen, dass die *és* und *is* Klasse Formen aufweisst, welche einem lateinischen Vorbild entweder direct entsprechen, oder einem solchen doch analog gebildet sind, dass dagegen die Perfecta der *ès* Klasse Grundlagen haben, die zwar in den Elementen auch auf schriftlateinisch Gegebnes zurückgehen, als Ganzes aber lediglich in der vulgären Sprache vorhanden sind.

Die erste Gruppe, die *és*- und *is*-Klasse begreifend, sei mit *A*, die zweite, *ès*-Klasse, mit *B* bezeichnet. Treten wir zunächst *A*, 1 näher, so finden wir hier fast auschliesslich Verba der lat. Stamm- und *e*-Conjugation, daneben auch einige der ī-Conjugation, sie haben gemeinsam, dass in der 1., 3. und 6. Perfecti der Stammvocal den Ton trägt.

Wollte man nun einzig die Formen des Schriftlateins berücksichtigen, so würde fast ein jedes dieser Perfecta gesonderte Behandlung verlangen, da nur bei wenigen die gleiche Grundlage in durchaus entsprechender Weise behandelt erscheint und wir müssten, ohne übrigens die mächtige und weitgreifende Wirkung der Analogie verkennen zu wollen, ein geradezu regelloses Durcheinander von Einflüssen und Beziehungen annehmen. Es ist aber bekannt, dass im Vulgärlatein viele Formen der alten Sprache fortbestanden, welche der *sermo urbanus* der classischen Zeit unterdrückte, als Neubildungen infolge von Conjugationsmischung u. s. w. auftraten, obwohl diese Formen an die im Gebrauch bleibenden sich theilweise eng anschlossen. So tritt uns in dem provenzalischen *venc* eine Form des altlateinischen *vĕ́nĕre* (Perf. *vĕ́nui*, unbelegt neben *vēni*) wieder entgegen, nicht aber handelt es sich hier um einen unbegreifbaren angleichenden Einfluss von *tenc*, durch welchen *venc* gewöhnlich gedeutet werden soll, weil *vḗni* als Grundlage sich sich unbrauchbar erweist. Solcher Beispiele, die mit einem Schlage Verhältnisse klären, welche bei alleiniger Brrücksichtigung des classischen Lateins dunkel bleiben müssen, lassen sich noch mehrere beibringen — man vergleiche die folgenden Ausführungen —, doch aber ist ihre Zahl verhältnissmässig klein, da wir von den schriftlichen Denkmälern des alten Lateins leider nur wenige Bruchstücke besitzen und diese zum grössten Theil noch dazu in einem höchst dürftigen und verkümmerten Zustand.

Wir betrachten innerhalb der schon genannten Hauptabtheilungen die Perfecta hier in Gruppen, die auf der Gleichartigkeit der gegebnen oder erschlossnen Grundlagen beruhen.

a) Einfache Perfecta (ohne Tempuscharakter).

Es gehören hierher die Perfecta von *esser*, *faire* und *veser*, die in allen Personen Formen aufweisen, welche den Ton auf dem Vocal des lateinischen Stammes tragen. (Auch die Perfecta von *dar* und *estar* haben keine endungsbetonten Formen, doch ist hier der Vocal der lateinischen Reduplicationssilbe betont, bei *eissir* endlich ist es bald der Vocal des lateinischen Praefixes, bald der des lateinischen Stammes, welcher den Ton trägt.)

1. Ohne Bindevocal.

esser. Die 1. Sg. Perfecti lautet *fúi* (fui A. P. R. 488; 125), das classische *fŭ́ī* kann nicht Grundlage sein, dagegen giebt *fú́ī*, bzw. *fúvi*, welches sich namentlich in der älteren Zeit, dann aber auch bei spätern Autoren findet eine zureichende Erklärung. Die 3. Sg. hingegen beruht auf *fŭ́it*: *fó* oder *fón* (*fo* Boeth. 28. 30. 31. 34. 43. 58. 63. 92. 94. 160. B. Chr. 8;20 E. J. (Lo.) XIII,12,21,30 (*fó*). A. P. R. 485;32,39. 486;59,64, 68,71,74. D. Serm. B. Chr.[4] 25;7,32,33. 26;1,18,19,32,35). Das bewegliche unorganische *n* leitet sich aus dem Umstande her, dass bei fast allen Worten, welche auf *o* auslauten, ein bewegliches *n* etymologisch begründet ist, es handelt sich also um eine Übertragung. Die 1. Pl. lautet *fóm*=*fŭ́imus*, (*fom* A. P. R. 497, v. 9), für die 2. Pl. ist in den Reimreihen nur *fós* belegt, obwohl *fŭ́istis*, welches für *fŭ́istis* anzusetzen ist, der Regel nach *fóts* ergab. Die 3. Pl. beruht auf **fŭ́erunt* für *fŭérunt*; der Accent erscheint hier, wie fast durchgehends in der 3. Pl. Perfecti mindestens auf die Antepenultima zurückgezogen (Vgl. die entsprechenden Formen von *aver* etc.). Diese Tonverschiebung lässt sich bis in das Latein zurückverfolgen, gleichzeitig mit ihr tritt auch Kürzung des sonst langen *e* in *erunt* ein. Da der Vorgang der Sprache des Volkes angehört, so finden wir ihn zuerst bei den Komikern zum Ausdruck gebracht, später wenden auch andere Dichter das nämliche Verfahren nach Bedarf des Verses an. Vgl. *vóluĕrunt* Pers. 160. *méruĕrunt* Poen. 21. *ĕ́mĕrunt*, *pótuĕrunt* Lucret. 6,2. *dédĕrunt* Varro Anthol. 3. 83,2 (43. 2 ed. Meyer) *súmpsĕrunt* Hor. epod. 9,17 etc. (Vgl. Kühner 163,3). Die ältesten prov. Denkmäler zeigen *foren* (Boeth. 20. 21. 63. 187. 245.) Hier scheint die lateinische Endung *unt* durch *ent* ersetzt (der Boeth. geht soweit, dass er auch für *an en* eintreten lässt: *parlen* für *parlan*, diese Bildung ist sonst ungebräuchlich). Das *fós* der 1. und 3. Sg. Imperf. Conj. (*fós* E. J. (Lo) XVII, 5. *fos* D. Serm. B. Chr.[4] 26;38. 3. Sg.) setzt *fŭíssem* und *fŭísset* voraus. Die Endung der 2. Pl. *fossés* hat ein geschlossnes *e*, wie es die 2. Pl. des Imperf. Conj. regelrecht — sie beruht auf *ētis* — in allen 3 Gruppen aufweist. Wegen des *a* in *fossás* E. J. (Lo) XV,19 siehe weiter unten. Für die 3. Pl. ist *fósson* (und *fóssan*) belegt: *fŭíssent* (*fosso* D. Serm. B. Chr. 26;22).

Im Conditionale *fóra* für *fŭéram* und *fŭérat* (*fora* A. P. R. 497,8). Die 3. Pl. ist nur durch eine Form der Ä. D. vertreten: *foran* A. P. R. 497,8.

2. Mit Bindevocal

faire. In der 1. Sg. *féi* und *fi*, beide gehen auf *fēci* zurück. *fis* (Ä. P. R. 488; 128) steht wohl in Analogie zu ersten Personen des Perfects wie *dis*, *mis*, *pris*, *quis* etc. *fezii* E. J. (Lo) XV,15 und XVII,26 zeigt die Perfectbildung der auf dem Kennlaut betonten Verben (Gruppe II).

Das *fesís* der 2. Sg. ist endungsbetont, *fēcísti* genau entsprechend, die Ä. D. (Boeth. 83. *fecist*) zeigen auch nur eine Form dieser Art, es kommt aber sonst noch ein stammbetontes *fist* vor. 3. Sg. *fétz*, *fés*, *féi* (*féy*), *fé*, *fi* und *fis* sind durch die Reimreihen sicher gestellt, alle diese Formen, mit Ausnahme von *fis*, haben *fécit* zum Ausgangspunkt, das Gleiche gilt von *fes* Boeth. 52. 53. 59 (bis). 71. 188. D. Serm. B. Chr. 25;31. *fes* A. P. R. 489;144. *forfez* Boeth. 180. 2. Pl. *fezés* (*fesés*): *fēcĭstis* Alle Verben der 1. Gruppe haben in der 2. Pl. Perfecti dieses geschlossene *e* (*é*) (die der 2. ein *i*, die der 3. ein *è*), welches auf das Kurze in Position stehende *i* des Lateinischen zurückgeht, dieses selbst ist durch Verdünnung aus *e* entstanden, das dem *e* von *esse* entspricht. Als 3. Pl. Perfecti findet sich bei R. Vid. III 168,16 ein *fèron*(!).

Die 1. und 3. Sg. Imperfecti Conj. bieten *fés* und *fesés*: *fécissem* (-*t*) und *fêcissem* (-*t*).

vezer. Die 1. Sg. Perfecti *vi* entspricht *vídi*, *vic* zeigt Übertritt zu den mit dem Tempuscharacter *u* gebildeten Perfecten: **víduí* für *vídi*. Andere Verba gingen, wie wir sehen werden, in dieser Beziehung noch weiter, sie gaben das einfache Perfect ganz auf. (Diez[4] II, 212.) Die 2. Sg. *vist* (Boeth. 95. 178. 244) lässt wieder Accentverschiebung in der Grundlage voraussetzen: *vídisti* für *vidísti*. In der 3. Sg. treffen wir dieselben Formen wie in der 1. *vi* und *vic* (*vi* auch D. Serm. B. Chr.[4] 25;21) und ferner *vit*, dessen *t* seine Erhaltung den gleichen Ursachen verdankt, wie das *t* in *det* (*dédit*). Die 2. Pl. lautet *vits* (*vis*) aus *vídistis*, die 3. *víron* (*viiren* E. J. (Lo) XV, 24) einem *víderunt* entsprechend.

vis und *vesés* finden sich in den Reimreihen für die 1. Sg. Imperf. Conj. wie auch für die 3. = *vídissem* und *vidíssem* (wegen *vídeo*); die 2. Pl. *visés* entspricht *vis*.

Im Conditional *vira* für die 3. Sg. = *víderat*.

b) Zusammengesetzte Perfecta (mit Tempuscharacter).

1. *s*-*i*-Perfecta.

α) Der Verbalstamm geht auf eine Muta aus.

aa. Labial.

escrire. Dem *scripsi* des Lateinischen entspricht provenzalisch *escris* mit Ausfall des Labials, in den Å. D. ist die gleichlautende 3. Sg. belegt (A. P. R. 488;130,132.). In der 3. Sg. Imp. Conj. findet sich die Form *escriussés*, welche das *p* in Gestalt von *u* festgehalten zu haben scheint.

bb. Guttural.

αα. Einfache Consonanz.

Schriftlateinische Formen.

dire. *díc-si* und *dícsit* ergaben mit Auflösung des Gutturals in *i* und Contraction: *dis*. Im E. J. (Lo) findet man Formen, die zwei *i* aufweisen, allerdings charakterisieren sich aber auch eine Anzahl derselben als secundäre Bildungen, indem sie den Ton auf einer unorganischen Endung tragen, was für 5 Fälle wenigstens durch einen über diese Endung gesetzten Ictus sicher steht. *diisti* XIII,33. XIV,29. XV,15,20. XVI,4. *diisii* XIV,28. 1. Sg. neben der 3. Sg. *diis* E. J. (Lo) XIII,10,11,24. *diis* XIV,6. *diiss* XIII,6,7,8,9,12,25,27,28,36,37. XIV,1. XVI,19. *diis* XIV,8,9,22,23. Sonst hat die 1. Sg. in den A. D. noch folgende Gestalt *dissii* E. J. (Lo) XVI,6,15. *dissii* XVI,6,19. *dis* A. P. R. 488,129; die 3. Sg. *dis* Boeth. 100. A. P. R. 497, v. 11. D. Serm. B. Chr. 25;23. 26;40. 28;5. *diss* E. J. (Lo) XIII,21. XVI,1. *disit* A. P. R. 491,232. *dis* D. Serm. B. Chr. 25,43. Für die 2. Pl. ist *disés* belegt *(dicsĭ́stis)*, *s* steht für das zu erwartende *ts*.

In der 1. Sg. Conj. Imperf. findet sich regelrecht *dissés*, ebenso in der 3. *dissés (dichés, dixés, disés)*; das E. J. (Lo) XIII,29 hat *diissés*.

duire. Nur die 3. Sg. Conj. Imp. ist belegt: *(a)dusés=dûcsĭ́sset.*

teiser. Von *teiser* liegt eine endungsbetonte 3. Sg. des Perfects, *teiset*, bereits im Boeth. (190) vor, doch lässt uns das in den Reimreihen belegte *teissés* (3. Sg. Conj. Imp.) eine stammbetonte Form *teis, texui* entsprechend, voraussetzen.

traire. Die Formen dieses Verbums treten oft für die entsprechenden von *trasir* ein (Diez[4] II, 219 Anm.), Beispiele solcher Vertauschung in den uns interessierenden Zeiten und Moden findet man bei den Reimreihen nachgewiesen. Die auffällige Endfremdung eines Compositums von *dare* von der in den romanischen Sprachen so einflussreichen Abwandelungsweise des Simplex, muss wohl durch eine Volksetymologie erklärt werden, man brachte *trad're* mit *dire* zusammen, es entstand *tradire (trasir)*, auch die Perfectformen bildeten sich nach *dire* und congruierten dann oberflächlich mit denen von *traire=trahere (trais, trai* von *trasir* und *tráis* von *traire)*, was den Anstoss zur Vertauschung gab; übrigens besteht neben *trasir, trair* auch *tradar* (Boeth). 1. Sg. Perf. *tráis*, 3. *tráis* (und *a-*, *es-*, *re-*, *sostráis)*= *tracsi* und *trácsit*. Die 2. Pl. lautet *traissés*=*tracsístis*; der Conj. Imperf. hat in der 1. Sg. *traissés (re-)* und in der 3. *traissés* und *traichés*.

Die Nebenform *tragés* weist auf ein Perfect **trác* für *tráis (=*tracui)* zurück.

Angebildete oder alte Formen.

doser. Man hat die Formen von *doser (dŏcēre)* meist mit denen von *duire (dûcĕre)* zusammenbehandelt, wie es z. B. Bartsch in dem Glossar zu seiner provenzalischen Chrestomathie auch thut, doch ist dieses Verfahren nicht gerechtfertigt. *duòis* (3. Sg. Perf.), welches in den Reimreihen belegt wird, lässt sich allein auf *dŏcêre* zurückführen und zwar würde ihm ein **dŏ́c-si* für *dŏ́c-ui* entsprechen; es konnte dann allerdings der Triphtong *uoi*, *uei* zum Diphtongen sich wandeln (vgl. *nueit* und *nuit*, *puesca*, *puosca* und *pusca)* und so ein Zusammentreffen von *duis* für *duòis* mit dem *duis* von *dûcsi* in der That eintreten.

tanher. 3. Sg. Perf. *táis* =**tác-sit* für *tĕ́tĭgit*. *(taxis* √*tag* Varr. b. Non. p. 180. vgl. auch die altlat. reinen Wurzelformen *tagit* (für *tangit)*, *tagam*, *tago*, *attigat*, *attigatis*, *attigas*. Kühner §. 177,2α Anm.) Der Conj. Imperf. hat *taissés* für die 1. Sg., für die 3. *taissés tainssés* und *taignés* (wahrscheinlich vom Praesens aus durch Anfügung von *és* gebildet).

ββ. Complicierte Consonanz.

*Ohne Umstellung der Endcons.

Schriftlateinische Formen.

cenher. 3. Sg. Perf. *céis (séys)*=*cíncsit*. (E. J. (Lo) XIII,4 *preceis*). Das *c* wurde zu *i* erweicht und trat vor das *n*, welches nunmehr, unmittelbar vor *s* stehend, ausfiel; der eben geschilderte Vorgang ist für alle Perfecta dieser Klasse derselbe. Diez[4] II, 217 führt Formen mit erhaltnem *n* auf, durch die Reimreihen werden sie nicht gestützt.

destrenher. 3. Sg. Perf. *destréis (=destrī́nc-sit)*. In der 3. Sg. des Conj. Imperfecti finden wir *destreisés* und *destrengués*, diese letztere Form setzt ein *ui*-Perfect **destrincui* voraus (vgl. *tragés*).

estrenher. Nur die 3. Sg. Imp. Conj. ist belegt: *estreissés*.

fenher. 3. Sg. Perf. *féis (féys)* regelrecht nach *finc-sit* gebildet.

penher. *péis (de-)* 3. Sg. = *pinc-sit*.

planher. *planc-si* und *planc-sit* ergab *pláis*, die 3. Sg. Conj. Imp. weist wieder eine Doppelform auf: *plaissés* und *plangés*. (**plancui*).

(es)tenher. 3. Sg. Perf. *(es)téis (estéys)* = *extinc-sit*, 3. Sg. Imperf. Conj. *esteissés*.

Angebildete oder alte Formen.

attenher. 3. Sg. Perf. *attéis* = **attinc-sit* für *áttĭgit*.

empenher. 3. Sg. Perf. *empéis*, **impinc-sit* für *impê git*.

franher. 3. Sg. Perf. *fráis*, **franc-sit* für *frêgit*, doch sind auch Formen belegt, die Weiterbildungen von *frêgi* darstellen: *fréc*, *enfréc* und *sofréc*. Im Imperf. 3. Sg. *afrainsés*.

**Umstellung der Endconsonanten. Sämmtliche Verba fügen noch das Perfectsuffix der Gruppe III an.

viure. Die 3. Sg. Perf. lautet *visquèt*, im Conj. Imperf. findet sich für die 1. Sg. nur *visquès* (mit offnem *e)*, für die 3. aber *visquès* und *visqués*.

elegir. *elesquèt* für die 3. Sg. Perfecti. Das E. J. (Lo) bietet *elesquéi* als 1. Sg. XIII,18. XV,16,19 und *elesquész* als 2. Pl. XV,16.

iraisser. *irasquèt* (3. Sg. Perfecti).

naisser. Die 1. Sg. Perfecti lautet *nasquèi* und *nasquièi*, die 3. *nasquèt* und *nasquèc* [*nasquet* A. P. R. 484;4. 496, v. 4 (bis)]. Die 1. Pl. *nasquem*, die 2. *nasqués* bei Guir. Riq. 46, (diese Form setzt eine stammbetonte 1., 3. und 6. voraus) und die 3. *nasquèron*. Der Conj. Imperfecti weist in der 3. Sg. die 1. Pers. ist nicht belegt, sowohl *nasquès* als auch *nasqués* auf.

cc. Dental.

*Das lat. Perf. liegt zu Grund.

Schriftlat. Formen.

raire. Nur die 3. Sg. Perf. ist belegt: *rás=râsi.*

rire. *rís=rísi.* 3. Sg. Perfecti.

***secódre.** 3. Sg. Perf. *secós* (mit geschlossnem *o*), *succŭ́ssit* genau entsprechend.

Angebildete oder der alten Sprache angehörige Formen.

aucire. *aucís.* 3. Sg. Perfecti setzt ein **occí́si* statt *occí́di* voraus; *occisit* für *occiderit* l. Numae bei Fest. p. 178b, 21. l. XII tab. bei Macrob. 1. 4,19; für mittellatein. Beispiele vergl. Diez[4] II, 140. *aucis* findet sich auch A. P. R. 497, v. 12 belegt. Im Conj. Imperfecti bieten die Reimreihen für die 1. Sg. *auciés*, welches nach Diez *occîdissem* zur Grundlage haben mag, für die 3. ebenfalls *auciés* und die regelrechten Formen *aucisés* (und *aussisés, aucizés).* Die Form *ausis*, die sich sonst auch für die 1. und 3. Sg. des Imp. Conj. findet, ist in den Reimreihen nicht belegt, sie geht aus einer anderen Betonung der lateinischen Grundlage hervor: **occí́sîssem* neben dem gewöhnlichen *occisî́ssem.* Die 2. Pl. lautet *aucissés*, dem *occis(i)ssé́tis* entsprechen würde, während auch eine Entwickelung zu *aucisesséts* denkbar wäre. Für die 3. Pl. haben wir *aucisésson (*occisî́ssent).*

seser. Das lateinische *sêdi* zeigt sich theils durch *sé̂dui*, theils durch *sé́si* ersetzt, dieser Übergang vom einfachen Perfectum zum zusammengesetzten wurde schon des öfteren beobachtet. *sêdui* entwickelt sich zu *séc, sêsi* zu *sís* (*a-*).

**Das lat. Praes. liegt zu Grund.

metre. Das *mís* der 1. Sg. Perf. könnte regelrecht aus *mîsi* hervorgegangen sein, während *més* der 3. *ĭ* oder *ẹ* voraussetzt. Ein solches *ĭ* finden wir nun im Praesens, wir werden daher dieses Tempus zur Grundlage machen und auch die 1. Sg. nicht aus *misi*, sondern aus **mīsi* erklären; das nachtonige *i* bewirkte hier die Erhaltung des betonten *ī*. Die A. D. zeigen die 1. Sg. nur in endungsbetonter Form, *tramesti*. E. J. (Lo) XVII 18; dagegen ist die 3. mehrfach zu belegen: *mes* Boeth. 26. E. J. (Lo) XIII,5. XV,6. A. P. R. 496, v. 5. D. Serm. B. Chr.[4] 27;24. *trames* E. J. (Lo) XIII,16. XIV,24. XV,21. XVI,5. Die 2. Sg. des Perfects lautet *mesist (misĭ́sti)*, *tramesist* E. J. (Lo) XVII,3,8,18,21,23,25. Die 2. Pl. *mesés (misĭ́stis)*, die 3. Pl. ist durch *mesdren* (Boeth. 27.) vertreten = *mĭ́serunt*, die Consonanantenverbindung *sr* erscheint hier durch den Einschub von *d* gemildert, sonst schwindet auch wohl *s* (*meiron*), oder die Flexionsweise von Gruppe III kommt zur Anwendung *mesèron*. Hier in der 3. Pl. Perfecti zeigen sich zuerst die endungsbetonten Analogiebildungen, welche später alle anderen Verbalformen überwuchern. Die 1. und 3. Sg. Imp. Conj. hat die zu erwartende Form *mesés*, die 3. Pl. ist durch *(entra)-meséson* vertreten (= *misĭ́ssent*).

querre. Das *quis* der 1. Sg. Perfecti könnte aus lat. *quaesii* entstanden sein. Die der 3. Sg. eigenthümliche Form ist *qués*, dessen geschlossenes *e quaesit* als Grundlage ausschliesst. Man kann an eine Einwirkung von *mis*: *mes*, *pris*: *pres* denken und demzufolge *quĭ́sit* ansetzen. Neben diesen stammbetonten Formen stehen auch oft endungsbetonte, so *queri* und *queric*, die beide einen Infinitiv *querir* voraussetzen. Das Conditionale *enquesira* (*Cercalmon* 3) enspricht dagegen einem Perfect *quisi*. Formen dieser Art finden sich niemals im Reim aber mehrfach ausserhalb desselben, so z. B. bei Bertr. de Born (38). Das Condit. ist weiterhin noch durch *queregra* vertreten, dieses *queregra* weist auf ein Perfect *querec*, von *querer*. Ich sehe *querec* ebenso wie *correc* und *casec* lediglich als eine Bildung nach Analogie der III. Gruppe an, da das *e* der in Betracht kommenden Formen (Perf.; Conj. Imp. und Condit.) meist ein offnes ist; (vgl. auch Henschke, Verbalflex. in G. d. Ross. pag. 47, Anmerk.) Nur in Bezug auf *parec*, welches immer geschlossenes *e* hat, vermag ich Suchiers Anschauung über die

Entstehung dieser Formen zu theilen. (Suchier geht wohl auch fehl, wenn er ein **stetui* für *stetti* ansetzt, *st-dĕdui* würde die Schwierigkeit, welche die Annahme von *stĕtui* erzeugt und die Suchier a. a. O. pag. 216 unten selbst erwägt in einfachster Weise umgehen). Das *quesiss* des E. J. (Lo) XVI, 24 dürfte durch *querir* beeinflusst sein. Der Conj. Imp. hat in der 1. und 3. Sg. *quesés*.

β. Der Verbalstamm geht auf eine Liquida aus.

aa. *l*.

solvre. 2 Formen dieses Verbs sind belegt, die 3. Sg. Perfecti *(as)sòls*=**sŏ́lsit* für *solvit*, also Uebergang zur sigmatischen Perfectbildung und *solsés* (1. Sg. Imp. Conj.) =**sŏlsĭ́ssem*.

bb. *m*.

temer. Die 3. Sg. Conj. Imperf. *tenssés*, für welche wir *timsĭ́sset* statt **timuĭ́sset* ansetzen müssen, entspricht einem Perfect *tems*, das sich ausserhalb des Reimes auch findet. Donat 23,11: in *eus teus .i. timuit, preus .i. pressit*. Vgl. dazu die Anmerkung pag. 98. Man wird aber trotz der Congruenz von Hs. A C und D *tens* und *prens* für *teus* und *preus* lesen müssen, da das *u* der erstgenannten Formen absolut unerklärlich erscheint. Vgl. *temsutz* P. Vidal 3,19.

resemer. Auch dieses gehört zu den Verben, welche der sigmatischen Perfectbildung folgen, vgl. *empsim* Pl. Mil 316 und die lat. Composita *demo dempsi*, *promo promsi*, *sumo sumpsi*. Das *m* des Stammes erhielt sich der Regel noch vor *s* (so in *rempsit*= *redempsisti)*, doch sehen wir es in der 3. Sg. *reséis* geschwunden, aber Boeth. 153. *redems* und A. P. R. 484;16 *reems*.

cc. *n*.

Schriftlateinische Formen.

remaner. Von den hierherzustellenden Perfecten entspricht *remas* genau der schriftlateinischen Form, die 2. Sg. lautet *remasist*

=*remansĭsti*, die 3. *remas*=*remansit*. Conj. Imperf. 3. Sg. *remasés*, 2. Pl. *remansesés*.

esponre. Die 3. Sg. Perfecti *espòs* geht auf *expŏsuit* zurück, welches dem Sprachsinn des Romanen zur sigmatischen Perfectbildung (*pŏsit*) zu gehören schien. Flam. 5462/3, die einzige Belegstelle, reimt *espòs* mit *respós*, es wird dies aber als ein Fehler anzusehen sein, da latein. ein kurzes *o* die Grundlage bildet und der Donat pag. 23,3 die Form unter *os larg* stellt: *In os larg 'fos .i. fodit, apos .i. apposuit, despos .i. deposuit'*. Doch ist immerhin zu bemerken, dass im Lateinischen auch Formen bestanden, die ein *ô* aufwiesen (Contractionen aus *pŏsivi* etc.), so *pôsit*, *pôsi*, *depôsisse*. Vgl. Kühner, §. 207 unter *sino*.

Angebildete Formen.

defendre. *defendit* zu *defen(d)sit* umgebildet, ergab *defés*.

prendre. Für die 1. Sg. Perf. ist *prís* und *prés* belegt (*prensi* für *prehendi*), dieselben Formen finden sich auch in der 3. Sg. *prís* (*i* = *ê* + *i*) gehört eigentlich allein der 1. und *prés* allein der 3. Sg. zu. In den A. D. ist nur die 3. Sg. und zwar an zwei Stellen vertreten, beide Male durch *pres*, Boeth. 64 und D. Serm. B. Chr.[4] 26,7. **prensĭsti* ergab *preist*, **prensĭm*[*us*] *prezém*. Der Accent zeigt sich hier, wie stets in der 1. Pl. Perfecti des Provenzalischen, wahrscheinlich unter dem Einfluss der 2. Pl. von der Antepenultima auf die Penultima zurückgeschoben.

1. und 3. Sg. Conj. Imperf. *presés* und 3. Pl. *presésson* (=**prensĭssent*).

respondre. Die Doppelformen *resposés* und *respondès* (*respondés* Flam. ist in *resposés* zu ändern), welche sich im Conj. Imperf. 3. Sg. finden, setzen eine doppelte Perfectbildung voraus. Die Reimreihen weisen denn auch neben *respós* (=**respónsit*) ein *respondèt* auf. Für die 1. Sg. Perfecti ist *resposi*, eine Weiterbildung von *respos* belegt, an die stammbetonte

Form ist das Perfectsuffix gefügt worden, welches dem lat. *isi* entspricht.

somonre. **submŏnsit* für *submŏnuit* ergab *somós*, das *o* ist durch Einwirkung des Nasals geschlossen. *somosés*, Conj. Imp. 3. Sg., entspricht *somós*.

dd. *r*.

Bildungen vom lat. Perfect.

terser. Die 3. Sg. Perf. *tèrs* (=*tersit*) hat offnes *e*, dies wird ausser von den Reimreihen auch durch den Donat bewiesen: 22,37. *In ers larg ‚ters .i. tersit, esters .i. extersit'*.

Bildungen vom lat. Praesens.

sorger. *sorger* bildet, ebenso wie das gleich zu besprechende *derger* sein Perfect vom lateinischen Praesens durch Anfügung von *si*. *sórs* 3. Sg. ist **sú́r(g)sit* für *surrexit* (*risor* in den A. P. R. 486,75 neben *resors* 497,15).

derger. *derger* beruht auf *de-é̍rigere*; *dé̍r(i)gsit* ergab mit Ausfall des *i* der postonischen Silbe *dérs* (*a-*). Auch für diese Form besitzen wir eine Notiz des Donat, welche die geschlossne Aussprache des *e* stützt, die der etymologischen Grundlage und den Bindungen entspricht: 22,38 *In ers estreit ‚ders .i. erexit, aders* [*.i. necessaria dedit*], *aers* [*.i. hesit*]'.

2. *u-i* oder *v-i* Perfecta.

a. Der Endconsonant des Verbalstammes erhält sich.

aa. *p*.

Sämmtliche hierhergehörige Formen wurden vom Praesens aus gebildet.

caber. Nur die 1. und 3. Sg. Imperf. Conj. ist belegt *caupés* (*caubés*) =**capú̍issem(t)*. Durch diese beiden Formen wird ein Perfect *caup* (=**capui*) erschlossen.

saber. Auch für dieses Verb finden sich nur Formen des Conj. Imperfecti in den Reimreihen. 1. Sg. *saubés* (*saupés*), 3. Sg. *saubés*, *sabéssa*, 3. Pl. *saupéssen* (=*sapuíssent*).

percebre. Die 1. und 3. Sg. Imp. Conj. lautet *perceubés*; **percĭpuĭ́ssem(t)* mit dem ĭ des Praesens ist nach Analogie von *caubés*, *saubés* anzusetzen, nicht *percêpuissem(t)*. Hierher gehört auch *apercebés* 3. Sg. und *receupés* 1. Sg. Die entsprechenden, aber nicht belegten Perfecta würden *perceup*, *aperceup* und *receup* lauteten. Brev. 21478 reimt *coceup* mit *receup* (3. Sg. Pf.). *coseub* A. P. R. 484;5, *receub* A. P. R. 484;29 *receubt* 497, v. 10. *recéuben* E. J. (Lo) XVII, 7.

bb. *l.*

Ursprüngliche Formen.

caler. *cálueram* des Lateinischen entwickelte sich zu *cálgra*, das Perfect lautet *cálc*. (3. Sg.).

doler. Die 3. Sg. des Perfects *dòlc* (mit offnem *o*) entspricht genau *dŏ́luit*. *dŏ́luerunt* ergab *dòlgron*, welches die Reimreihen aufweisen, sie bieten ferner noch die durchaus regelmässigen Bildungen *dolgués* und *dòlgra* (*dŏluĭ́sset* und **dŏ́luerat*).

valer. Nur die 3. Sg. des Perfects, des Imperf. Conj. und des Condit. sind belegt: *válc*, *valgués* und *válgra*.

voler. *vòlc* entspricht *vŏ́luit* (*volg* Boeth. 22. 45. 47. 48. 51. *volc* A. P. R. 486;60. D. Serm. B. Chr. 26;31); für die 2. Sg. findet sich *volguist*: *vŏluĭ́sti* (*volguist* Boeth. 87); *vŏ́luerunt* ergab *vòlgron*. Im Imperfect Conj. haben wir *volgués* für die 1. und 3. Sg. und die contrahierten Formen *volcsés* und *volsés* für die 2. Pl. Ferner ist die 3. Sg. Condit. belegt: *vòlgra*.

volver. Die 3. Sg. Imp. Conj. ist in den Reimreihen nachgewiesen, sie fällt, der provenzalischen Gestaltung und auch der Grundlage nach, vollständig mit der entprechenden Form von *voler* zusammen: *volgués* von *volvĭ́sset*.

Anbildungen.

tolre. Dieses Verbum hat die Abwandlungsweise des Lateinischen aufgegeben, indem es sein Perf. durch Anfügung von *ui* statt *i* bildet. Die alte Form *tŏ́li* (für *tŭ́li*) erscheint zuweilen in Inschriften (Kühner, § 197, Anm. 4.). **tŏ́lui* ergab *tòlc*, *tŏluístis tolgués* und *tŏ́luerunt tòlgron*. *tolgués* in der 3. Sg. Imp. Conj.

cc. *r*.

Bildungen vom Perfect.

Die hierhergehörigen Verba weisen sämmtlich im Lateinischen als Tonvocal des Perfects ein *ĕ* auf, trotzdem sind die in den Reimreihen belegten Formen mit geschlossenem *e* gebunden, allerdings handelt es sich nur um ein Gedicht.

merer. 3. Sg. Perf. *mérc* verlangt **mḗruit* für *mĕ́ruit*.

ubrir. Von *ubrir* sind meist endungsbetonte Formen belegt. *ubrí* und *ubríc* für die 3. Sg. Perfecti, doch auch *ubérc* (*coopḗruit* für *coopĕ́ruit*). *ubrís* für die 3. Sg. Imperf. Conjunctivi.

Bildungen vom Praesens.

soffrir. 3. Sg. Perf. *sufférc* =**suffḗruit*. Neben diese stammbetonte Form stellen sich die endungsbetonten *soffrí* und *soffríc*, sie verdanken dem Infinitiv *soffrir* ihr Entstehen. Die 1. Pl. lautet *sufrém*, die von *sofrir* aus gebildete 3. Sg. Imperf. Conj. *sufrís*; auch *sofrira* (Condit., 1. und 3. Sg.) zeigt die der *is*-Klasse eigenthümliche Gestaltung.

dd. *n*.

Schriftlateinische Formen.

tener. Die der 1. Sg. Perfecti eigene Form ist *tinc*, *tĕ́nui* genau entsprechend gebildet (*i*=*é*+*i*, cf. *pris*), dieses *tinc* ist in den Reimreihen noch durch die Composita *man*-, *re*- und *sostinc* belegt. Ein daneben erscheinendes *tenc* geht von der 3. Sg. aus, wo es lautgesetzlich berechtigt ist (*i* stand dort nicht mehr im Auslaut). In dem *téc* (*re*-) der 3. Sg. ist das *n* gefallen (vgl. die betreffende Reimreihe, Anmerk.). Die 2. Sg. findet sich nur in den Å. D. *tenguist* A. P. R. 491;234. *retenc*

(3. Sg.) Boeth. 31. Die 1. Pl. ist durch *tenguém*, die 2. durch *tengués*, die 3. durch *téngron* (*a-*, *manténgron*) belegt. Der Conj. Imperf. weist neben dem regelrechten *tengués* (1. und 3. Sg.) auch ein *tenguís* auf (3. Sg.); *retegues* (Boeth. 95) steht mit dem Perf. *téc* für *tenc* in Zusammenhang. In der 3. Pl. *tenguésson*. *téngra* (Condit. 3. Sg.) ist gleich *ténuerat*.

Alt- und vulgärlateinische Formen.

venir. Es wurde schon erwähnt, dass die Perfectformen von *venir* auf ein durch die vulgäre Sprache erhaltenes *vénĕre* (altlat.) zurückgehen, **vénui* für *véni* ergab *vinc* (*re-*, *sovinc*), (*i*=*é*+*i*), daneben steht *venc* (*con-*, *sovenc*). *veng* D. Serm. B. Chr. 26;28. *venguii* E. J. (Lo) XVI,28. Für die 3. Sg. ist nur *venc* belegt (auch in *a-*, *con-*, *de-*, *re-*, *sovenc*), *veng* Boeth. 40. 62. A. P. R. 484;28. D. Serm. B. Chr. 25;41. 26;38. *vénc* E. J. (Lo) XIII, 6. *venc* Boeth. 41. 67. Die 2. Sg. ist durch *venguís* vertreten, der sich hier öfter zeigende Schwund des *t* wird durch die Bindungen gesichert (vgl. Klein, Mönch von Montaudon, pag. 32). *vengués* gilt für die 2. Pl. und *véngron* für die 3.; der Conj. Imperf. zeigt die bekannten Formen, 1. Sg. *vengués* (*sovengués*), *vengués* auch E. J. (Lo) XV,23, und 3. Sg. *vengués* (*a-*, *de-*, *revengués*). Für die 2. Pl. ist wieder eine contrahierte Form belegt *vencsés* (statt *venguessétz*). Condit. 3. Sg. *véngra*.

β. Der Endconsonant des Verbalstammes fällt ab.

aa. *c*.

jaser. *jácuit* ergab *jác*, daneben steht vereinzelt die endungsbetonte Form *jaquí*. Zu *jác* gehört die 3. Sg. Imperf. Conj. *jagués* und des Condit. *jágra* (*jácuerum*). *jaguéssa* E. J. (Lo) XIII,25 zeigt ein *a*, welches von den Leys getadelt wird (siehe unten).

leser. *léc* und *líc* in der 3. Sg. Perfecti sind gleich *lĭcuit*; das im Auslaut und Hiat stehende *i* der 1. Sg. wird zunächst die Erhaltung des kurzen *i* der Tonsilbe bewirkt haben, das so entstandene *lic* übertrug sich dann auf die 3. Sg. Perfecti. Der Conj. Imperf. lautet *legués (lĭcuĭ'sset)*.

plaser. *playc* ist gleich *placui*, *plac* ging regelrecht aus *placuit* hervor, ebenso *plagués* aus *placuĭ'ssem(t)*. **plácueram*, mit Zurückziehung des Accentes auf den Stamm, ergab *plágra*.

bb. *e*.

Bildungen vom Perfect.

conoisser. Die 1. Sg. Perfecti findet sich nur im E. J. (Lo) XVII,25 und zwar in endungsbetonter Form: *conoguí*. Die 3., *conóc*, hat geschlossenes *o*, nach der lat. Grundlage **cognóvui* (für *cognóvi*) und dem Donat zu schliessen, die Reimreihen geben keine Entscheidung, da *conoc* an der einzigen Stelle, wo es belegt ist, mit einem Compositum (*reconoc*) reimt. *conóg* E. J. (Lo) XVI,19. XVII,25. In den Â. D. findet sich auch die 3. Pl. mehrfach *conóguen* E. J. (Lo) XVI,3. XVII,7,8. *conoguen* XVII,25. **cognóvuĭ'ssem (t)* ergab *conogués*, **cognóvuerátis conográtz*.

creisser. Auch hier wird die 1. und 3. Sg. Perfecti geschieden: *cric* =**cré vui* (für *crévi*), *crec*=*cré vuit*. *cregués* in der 3. Sg. Imperf. Conj.

paisser. 3. Sg. Perf. *pac* (*pâvuit* für *pâvit*) und dementsprechend *pagués* und *págra*.

plevir. Dieses Verb, über dessen Grundlage man noch im Zweifel ist, folgt in seiner Flexion meist der *is*-Klasse (*plevic* 1. Sg. Perf., *plevi* 3. Sg., *plevitz* 2. Pl., *pleviru* 3. Sg. Condit.), die Reimreihen bieten aber auch ein Perfect *plèc* mit geschlossenem *e*, durch welches *praebere*, das man zur Erklärung heranzog, ausgeschlossen wird.

Bildungen vom Praesens.

moure. Das offne *o* des Perfects *móc* (1. und 3. Sg.) zeigt, dass das lateinische *móvi* (bezw. **móvui*) der Ausgangspunkt nicht gewesen sein kann, sondern dass eine Neubildung vom

Praesens (*mŏvo*) aus stattgefunden haben muss: *mŏ́vui*; dasselbe gilt von *plòc (ploure)*. *moure* ist ferner noch durch die 2. Pl. des Perfectums *mogués* und durch die 3. Sg. und 3. Pl. des Conj. Imperfecti — *mogués* und *moguèsson* — vertreten.

ploure. *plòc* 3. Sg. Perf. gleich **plŏ́vuit* für *pluit*.

cc. *b.*

Schriftlateinische Formen.

aver. *habui* hat sich als *aig* und *aic* erhalten, beide Formen fallen vollständig zusammen. Endungsbetonte Bildungen treten hier in der 1. Sg. Perf. besonders frühzeitig ein, obwohl eine scharfe Scheidung von der 3. Sg. auch ohne sie möglich war: *aigui (mentaugi)*. Die Ä. D. bieten *aig* Boeth. 84. 86. *aguti* E. J. (Lo) XVII,5. Sonst kommt in den Reimreihen noch *ag* als 1. Sg. vor. *habuísti* ergab *aguist*. Für die 3. Sg. ist *ag* und *ac* belegt (*ag* Boeth. 28. *ac* Boeth. 34. 152. E. J. (Lo) XIII,4.12 (bis), 21,26 *(ác)*, 30. XV,18 *(ác)*, XVII,14. D. Serm. B. Chr.[4] 25;12,22,29. 26;2,16. A. P. R. 484;6. 485;56. 489;145. Die 2. Pl. lautet *agués (habuístis)*, die 3. Pl. ist nur aus den Ä. D. beizubringen *águen* E. J. (Lo) XV,25. Der Accent erscheint hier sogar auf die viertletzte Silbe zurückgezogen =**hábuerunt*; der Ictus der Handschrift sichert diese Betonung. *aguèron* KJs 272,13 ist dem schon erwähnten *mesèron* zur Seite zu stellen (s. oben). Im Conj. Imperfecti finden sich die gewöhnlichen Formen: *agués* für die 1. und 3. Sg. daneben *aguéssa (agués* Boeth. 92. 178. E. J. (Lo) XIII,2). Die 2. Pl. *accés* ist aus *aguesséts* contrahiert, das vor der Tonsilbe stehende *e* konnte, ebenso wie in der 1. Pl., ausfallen. Analoge Formen finden sich öfter, namentlich zahlreich sind sie in der Flamenca. (P. Vidal 21,3 hat *acsetz*, Bertr. de Born 26,16. ebenfalls). Diez[4] II,200. *aguessúz* E. J. (Lo) XIV,7 (bis). *ágra*, 3. Sg. Cond., entspricht *hábuerat* (*agra* 1. Sg. E. J. (Lo) XIV,2; *ágren* E. J. (Lo) XV,22).

dever. *déc* tritt in der 1. und 3. Sg. Perfecti auf [=*dēbui(t)*]. Der Conj. Imperfecti und das Condit. sind vollkommen regelmässig von *dêbuíssem* und **débueram* gebildet, sie lauten *degués* und *dégra*.

Alt- und vulgärlateinische Formen.

beure. Aus *bíbi* lässt sich das provenzalische *béc* (*béc* A. P. R. 486,78) nicht erklären, wir müssen wieder einen Abfall von der einfachen Perfectbildung constatieren und *ui* zur Erklärung heranziehen, **bíbui* ist eine durchaus befriedigende Grundlage; vgl. auch *imbuo imbui*, welches ebenso wie *bibo, bibi* auf die $\sqrt{}$*bu* zurückgeht. **bibuíssem* ergab *begués* (3. Sg. Imp. Conj.).

dd. *t.*

poder. Die 1. und 3. Sg. Perfecti lauten übereinstimmend *pòc (=pŏ́tui(t))*, die 1. und 3. Sg. Conj. Imperfecti *pogués* (*pogues* 3. Sg. Boeth. 93). Die 2. Pl. liegt in contrahierter Form vor *pogsés* (für *pogesséts*); *pògra* ist Condit. (1. und 3. Sg.).

ee. *d.*

sezer. Wie schon erwähnt wurde besteht neben dem Perfect *sis* auch *séc*. Grundlage ist wieder eine Bildung der *ui*-Klasse **sḗduit* für *sēdit*. Weitere entsprechende Formen von *sezer* sind in den Reimreihen nicht belegt.

A, 2. *is*-Klasse.

II. Der lateinische Kennlaut trägt den Ton.

Die hier zu betrachtenden Verben sind nach dem Vorgang von Chabaneau (*Histoire et théorie de la conjugaison française*. 1868. II. Aufl. 1878) in zwei Unterabtheilungen zu trennen, in Formen mit lebender und mit archaischer, oder, wie Tobler besserte, erstarrter Flexion. Die erste Klasse umfasst die inchoativ flectierenden, die zweite die einfach flectierenden Verben auf *-ir*. Eine

Scheidung besteht nur für das Praesens und den Sg. Imperativi, für 11 Formen im Ganzen; die Perfectbildung dagegen ist für alle Angehörige dieser Gruppe vollständig gleich.

Als Beispiel möge *servir* dienen. Aus *servi vi* entwickelte sich regelrecht unter Ausfall des *v* und Contraction der beiden *i* (die in den Å. D. belegten Formen scheinen ein nachklingendes *i* andeuten zu wollen *auvii* E. J. (Lo) XV,15 *eissii* XVI,27,28 *isii* XVII,8 *servii* Boeth. 87) *servi*, die gewöhnliche Form der 1. Sg. Perf. Daneben zeigt sich ein *servic*, welches, zahlreichen Verben der *ui*-Klasse analog, **servivui* voraussetzen würde, ferner tritt *servis* als 1. Sg. auf, auch in ihm haben wir eine Analogiebildung zu sehen (*dis*, *mis*, *pris*, *quis*, *ris*, *sis* etc.). *queris* 3. Sg. A. P. R. 490,20. Die 2. Sg. Perfecti ist durch Reim nicht gesichert, im E. J. (Lo) XVI,31 finden wir jedoch *eissist*. Die Formen der 3. Sg. fallen mit denen der 1. zusammen: *servi*, *servic*, *servis*; eigenthümlich ist ihr aber *servit*, *servicit* entsprechend, aber nicht aus ihm zu erklären, es handelt sich vielmehr um eine Bildung, zu der die 3. Sg. Perf. der *ès*-Klasse den Anstoss gegeben hat, bei dieser ist *it* die regelrechte und weitaus überwiegende Endung. Die Gründe, welche das *t* hier lautgesetzlich berechtigt erscheinen lassen, werden an der betreffenden Stelle erörtert werden. Bemerkenswerth ist, dass das doppelte *i*, welche die Å. D. für die 1. Sg. aufwiesen in der 3. sich in keinem einzigen Falle findet. *audi* D. Serm. B. Chr.[4] 25,19. *fugi* 25,13. *auvit* A. P. R. 495, v. 14. *eissit* E. J. (Lo) XIII,3 *eissit* XIII,30. *isit* A. P. R. 486,66. *jauvit* A. P. R. 495, v. 14. *ferit* 486,65. *perith* E. J. (Lo) XVII,12. *umplith* E. J. (Lo) XVI,6. — *servívimus* ergab *servim*, **serví(vi)stis servitz*, **servíverunt serviron*. *faliren* Boeth. 70. *giquiro* D. Serm. B. Chr.[4] 25,34. Ebenso regelmässig ist der Conj. Imperfecti gebildet. *serví(vi)ssem(t)*, schon lateinisch contrahiert, musste sich zu *servis* entwicklen. (*trais* E. J. (Lo) XIII,2). Die 2. Pl. lautet *servissés* (=*servi(vi)ssétis)*, die 3. *servisson*. Das Conditionale *servira* (1. und 3. Sg.) entspricht *servíveram(t)*. *murira* A. P. R. 496,7. Die

1. Pl. *servirám* ist *servivĕrámus*, als Beleg der 2. Pl. finden wir *esjauvirás* E. J. (Lo) XIV,28.

Für die beiden Verben, bei welchen der Vocal der lateinischen Reduplicationssilbe den Ton trägt, *dar* und *estar*, wolle man das von den Angehörigen der Gruppe B Gesagte vergleichen.

Ein Verbum, *eissir*, weist Formen auf, in denen der Vocal des lateinischen Praefixes betont erscheint: *èis* (und *èys*); gewöhnlich wird es jedoch ganz wie ein Verbum der *is*-Klasse behandelt.

B. *ès*-Klasse.

III. Perfecta, die als Ganzes nicht auf einer schriftlat. Form beruhen, auch keine Anbildung an eine solche darstellen.

Cantavi hätte mit Ausfall des *v chantái* ergeben müssen, aber nicht dieses sondern *chantèi (chantièi)*, im Conj. Imperfecti *chantès* und im Condit. *chantèra* liegen uns vor; es sind dieselben Endungen, die wir auch bei Verben antreffen, welche der latein. Stamm- oder *e*- Conjugation angehörten und die gewissen, noch näher zu bestimmenden Vorausetzungon entsprechen. (*améi* E. J. (Lo) XIII,34. XV,9,12. *clarifigéi* XVII,4. *comensei* A. P. R. 488,126. *cosméi* E. J. (Lo) XVII,4. *donéi* XVII,14,22. *donei* XVII,8. *gardèi* XV,10. XVII,12. *manifestéi* E. J. (Lo) XVII,6. *parléi* XVI,1. *pausei* XV,16. *santifige* XVII,19. *venquéi* XVII,32). Eine analogische Bildung nach dem *evi* des Lateinischen, an welches man gedacht hat, kann nicht angenommen werden, da die wenigen Verben, welche *evi* aufwiesen, romanisch untergingen und das *e* in *evi* überdies ein langes war, für das offne *e* in *chantèi* etc. also die Grundlage nicht liefern konnte. (Diez[4] II, 204 nimmt eine Ersetzung von *ai* durch *ei* zum Zweck der Scheidung von Praesens und Perfect an). Auch das *t* der 3. Sg. würde sich durch *evit* lautgesetzlich nicht rechtfertigen lassen und doch finden wir *t* überall, nur späte Denkmäler erst, wie der St. Honorat (142,17), der Albigenserkrieg, das Miracle de Notredame zeigen Formen ohne *t*, *chante* für *chantet* etc.

Folgende Erklärung nun scheint nach allen Seiten zureichend zu sein. Bei einer Anzahl von Verben des Lateinischen geht ein *do* der Endung auf die indoeuropäischen Wurzeln *da* und *dha* zurück (hat mit *do* von *dare* gleiche Grundlage), so, um Verben zu nennen, die romanisch erhalten sind, beispielsweise bei *crê-do* (√*dha*), *per-do* (√*da*), *reddo* (√*da*), *vendo* (√*dha* nach Bopp und Schleicher, √*da* nach Pott), *rescondo*, *mando*. Im Schriftlatein giebt sich nun das Bestreben kund, den Zusammenhang mit *dare* zu verwischen, neben *abscondi* findet sich nur sehr selten *abscondidi* und neben *absconditus* später *absconsus*, *mando* wird ganz zur *a*-Conjug. geschlagen etc. Das vulgäre Latein aber hat mit grosser Zähigkeit diese Formen stets als Composita von *dare* aufgefasst und, wie sonst oft so auch hier, dem Gebrauch des Schriftlateins entgegen, meist keine Modification des Simplex bei der Abwandlung vorgenommen. Für die genannten Verben, neben denen noch andere und auch solche standen, die nicht in die romanischen Sprachen übergingen (*abdo*, *addo*, *condo*, *edo*, *indo*, *obdo*, *prodo*, *subdo*: √*dha*; *dedo*, *trado*, *dido* √*da* und √*dha* cf. *James Darmsteter* ‚*de conjugatione latini verbi dare*' *Receuil de travaux originaux ou traduits relatifs à la philologie et à l'histoire littéraire*. 8. *Fascicule*. *Paris* 1877) haben wir demnach ein *crê-do*, **crê-dĕdi*; *per-do*, **per-dĕdi*; *red-do*, **red-dĕdi*; *ab-*, *rescondo*, **ab-*, **rescondĕdi*; *man-do*, **man-dĕdi* anzusetzen. Da diese Formen, wie man sieht, bei Verben vom allergewöhnlichsten Gebrauch auftreten und zugleich eine praegnante Perfectbildung ermöglichen (ein Moment, welches wohl zu berücksichtigen ist, man denke nur an die Einführung des componierten Futurums im Französischen), so beeinflussten sie auch diejenigen Verbalformen des Schriftlateins, bei denen ein *do* nicht auf die genannte Quelle zurückgeht. Schriftlatein und Vulgärlatein zeigen hier eine gradezu entgegengesetzte Tendenz, das erstere beschränkt den Gebrauch einer Form, die in letzterem zu immer grösseren Einfluss gelangt; es bilden sich ihr im weiteren Verlauf die Mehrzahl der Verben an, welche in der 1. Sg. Praesentis auf *o* und einen Dental ausgehen und schliesslich fast alle Verben der *a*- (und *e*-) Conjugation, ohne Rücksicht auf den Ausgang. Der Praesensstamm mit angehängtem *dĕ́di* ersetzte das Perfect des Lateinischen, statt *cantavi* haben wir ein **can-dĕ́di* (von **can-do*), statt *pependi* ein **pen-dĕ́di* (von **pen-do*). Wenn wir bedenken, dass *dare* soweit es auf die $\sqrt{}$*dha* zurückgeht auch die Bedeutung »setzen, stellen, legen, machen, thun« hat, so möchte ein theilweises Zusammenfallen der deutschen und der romanischen Praeteritalbildung zu erkennen sein.

Die neuste von den Arbeiten, welche diesen Gegenstand behandeln ist die Dissertation Wolterstorffs (Das Perfect der zweiten schwachen Conjugation im Altfranzösischen. Halle 1882). Das dort Gesagte findet sich aber bereits bei Schuchhardt, Vocalismus I,35, II,9, III,18 und Romania IV,122 (wo übrigens mit Unrecht ein *didit* als Grundlage angesetzt ist, nur *dĕ́dit* ist für das Provenzalische und auch für das Französische möglich), ferner in dem gleichzeitigen Aufsatz von Cornu, Romania X,216. Ueberall jedoch ist nicht betont worden, dass grade die Composita von *do* es sind, welche den Anstoss zu der fraglichen Bildungsweise geben; Mussafia allein, in seiner Besprechung von Wolterstorffs Arbeit, Literaturblatt III,231, stellt die Composita von *dare* als besondere und erste Klasse der in Frage kommenden Verben auf. W. (p. 30) meint noch »das überaus häufig gebrauchte Perfect *dĕ́dit*« sei die Ursache dieser Umbildung gewesen, als ob ohne eine bestimmte thatsächliche Grundlage eine solche überhaupt hätte stattfinden können. Die Verben der lateinischen *i*-Conjugation behielten eben darum ihre eigenthümliche Perfectbildung, weil sie des Anlasses zu der geschilderten Modification entbehrten.

Das Participium der *e*-Conjug. auf *ut*, dem ein lateinisches *ûtum* zu Grunde liegt, bildet eine fernerweite Stütze der eben entwickelten Ansicht. Ein neben den Formen von *do* belegtes *duo* — *du-i-m* Pl. Aul. 4. 6,6; *interduim* Rud. 580; *duis* Liv. 10. 19,17 in einem Gebülde des Appius 296 v. Chr. Pl. Aul. 2. 2,61. Capt. 331. 947. Rud. 1368. Cat. R. R. 141; *duit* etc. vgl. Kühner §. 166,2,3 — von der √*du* statt √*da*, setzt ein Participium Perfecti *dûtum* voraus, ebenso wie *spuo spûtum*, *exuo exûtum*, *solvo solûtum*, *volvo volûtum* aufweist. Mochte das Schriftlatein dafür auch ein *datum* einführen, das Vulgärlatein hielt, wenigstens für die *e*-Conjugation an diesem historischen *dûtum* fest. Dass für die *a*-Conjugation durchweg die schriftlateinische Gestaltung *do*, *dĕdi*, *datum* sich Geltung verschafte, ist leicht erklärlich, sie beeinflusste auch die für die *e*-Conjugation vorauszusetzende Abwandlung *duo dui dûtum* insofern als *dui* durch *dĕdi* verdrängt wurde. Man darf nicht wie Diez[4] II,133 und Ulrich (die formelle Entwickelung des Participium Praeteriti in den romanischen Sprachen, p. 21) einen angleichenden Einfluss der vorhin genannten Participien auf *ûtum* annehmen, dazu ist die Zahl derselben zu klein und ihr Gebrauch ein zu beschränkter, nur *duo* allein vermochte diese Gestaltung herbeizuführen (vgl. französ. *suivi* trotz *secutum*), wir sehen, wie später der Vocal des Perfectums, bei Spaniern und Portugiesen wenigstens, im Particip wieder die Oberhand gewinnt, wie *udo* durch *ido* ersetzt wird.

Es ergiebt sich also für die zu Gruppe B gehörigen Verba folgendes Schema:

**can-do*: *chánt.*	**per-duo*: *pért*
**can-dĕdi*: *chantèi.*	**per-dĕdi*: *perdèi*
**can-datum*: *chantát.*	**per-dûtum*: *perdút.*

Vulgärlateinische Belege finden sich bei Diez[4] II,123; Schuchhardt, Vocalismus I,35 II,9; Arbois de Jubainville, Romania I,477; Stünkel, Sprache der Lex romana Utinensis, Zeitschrift V,48 (dort sind noch weitere Zusammenstellungen nachgewiesen) und bei Wolterstorff a. a. O.

Die 2. P. Singularis und Pluralis des Perfects *chantèst*, *chantièst*, *vendèst*, *vendièst* und *chantès*, *chantètz* (*abelest* A. P. R. 491,33.

amést E. J. (Lo) XVII,26. *amest* XVII,23 (bis), 24 (*amést*). *donest* XVII,2,4. St. Est. B. Chr.[4] 24,17 *donést* E. J. (Lo) XVII,6 (bis), 7,8,9,11,12 *donist* XVII, 22,24 (bis). *donez* XVII,2), wird von Cornu und Wolterstorff aus einem *dĕdĭ́sti* bezw. *dĕdĭ́stis* erklärt, auch Mussafia, Literaturblatt III, 232, behält dieselbe Grundlage bei. Es sind jedoch nicht diese Formen sondern *dĕ́dĭsti* und *dĕ́dĭstis* zur Deutung der vorliegenden Thatsachen heranzuziehen. Die Reimuntersuchung (Vgl. auch Chabaneau: *Revue des langues rom.* Serie 2, Bd. 2, p. 184.) zeigt, dass die mit *dĕdi* gebildeten Perfecta (*ès*-Klasse) in der 2. Sing. und Plur. ein *è* haben (vgl. *èst* und *ètz*), sonst gilt entweder *i* für beide Fälle: A, 2. *is*-Klasse, oder *i* für die 2. Sg. (die Endung *est* die der 2. Sg. auch in dieserGruppe oft zugeschrieben wird, vgl. Diez, Aymeric etc. findet sich keinmal im Reim) und *é* für die 2. Pl.: A, 1. *és*-Klasse. Dieses *è* nun lässt sich aus *dĕdĭ́sti* unter keinen Umständen erklären, *dĕdĭ́sti* würde nur zu einer Form mit *é* oder *i* führen können. (Wenn wir im Französischen *i* statt des *e* bezw. *ie* antreffen, so werden wir dies dem Einfluss des folgenden Sibilanten und des postonischen *i* zuschreiben. Es ist darum eine vollständige Verkennung des Sachverhaltes wenn Wolterstorff pag. 33 und 34 sagt, das *ies* der 2. Sg. im Oxforder und Cambridger Psalter — *rumpiés*, *confundiés* — sei eine Neubildung nach dem Muster der 3. Sg. Von diesen Formen gerade muss man ausgehen, sie sind keineswegs Neubildungen, sondern Überreste einer streng lautgesetzlichen Entwicklung, hier entstand zuerst da *i*, welches dann zunächst auf die 1. Sg. und im weiteren Verlauf auf die übrigen Personen des Perfects überging.)

Die 3. Sg. Perfecti zeigt meist die Endung *èt* (*chantèt*, *vendèt*). *acaptet* A. P. R. 484,18. *amét* E. J. (Lo) XIII,1. XV,9. *amet* Boeth. 29. A. P. R. 495, v. 14. *anet* D. Serm. B. Chr.[4] 25,14. *aspiret* A. P. R. 484,15 *baiset* A. P. R. 484,27. *compret* A. P. R. 484,17. *credet* Boeth. 46. *conortet* A. P. R. 486,79. *creet* A. P. R. 484,2. 496, v. 6. *cuidet* Boeth. 68. *cumtet* A. P. R. 497, v. 11. *deffiet* A. P. R. 484,26. *devedet* A P. R. 496,6.

donét E. J. (Lo) XIV, 31. *donet* E. J. (Lo) XIII,26. A. P. R. 484,20. 497, v. 12. D. Serm. B. Chr.[4] 25,31. *perdonet* A. P. R. 485,48. *esposet* D. Serm. B. Chr.[4] 25,6. *estet* 25,15. 26,5. *eviet* 25,29. *afermét* E. J. (Lo) XIII,21. *foleet* A. P. R. 496, v. 6. *jetet* D. Serm. 25,28. *intrét* E. J. (Lo) XIII,27. *laiset* Boeth. 32. 69. D. Serm. B. Chr.[4] 25,15. *manget* A. P. R. 486,78. 496, v. 6. *menjet* A. P. R. 497, v. 8. *parlet* Boeth. 194. A. P. R. 497, v. 11. *parlét* E. J. (Lo) XVI,1. *penet* Boeth. 26. *plasmet* A. P. R. 484,14. *poiet* A. P. R. 486,80. *pojet* D. Serm. B. Chr.[4] 25,41. *aportet* D. Serm. 26,39. *runcuret* A. P. R. 485,47. *salvet* A. P. R. 496, v. 4. *cennét* E. J. (Lo) XIII,24. *soanet* D. Serm. B. Chr.[4] 25,11. *donéth* E. J. (Lo) XIII,3. *enquéth* E. J. (Lo) XIII,5 — *respondet* E. J. XIII,7,8.36 *(respondét)*. XIV,23 *(respondét)*. XVI,31 *(respondét)*. *creet* A. P. R. 496, v. 3, v. 5. 497, v. 9.

Die Erhaltung des *t* scheint durch *dĕ́dit*, dem *stĕ́ttit* noch kräftigend zur Seite treten mochte (vgl. die ital. Formen), hinreichend begründet. Eine zweite der 3. Sg. Perfecti eigenthümliche Endung ist *èc (chantèc, vendèc)*; sie weist sich als secundäre Bildung schon dadurch aus, dass wir sie in den Ä. D. auch nicht einmal belegt finden. Wir werden als Grundlage ein **ĕ́duit* (neben *ĕ́dit*) annehmen und so hier dieselbe Tendenz constatieren, welche wir bereits in der *és*-Klasse beobachteten, es ist **ĕ́duit* seiner Entstehung nach dem früher aufgeführten **ivuit* genau entsprechend. Für die 1. Sg. nahm man eine gleiche Umbildung nicht vor, da sonst eine so praegnante Form wie *-èi* hätte aufgegeben werden müssen. Die Erhärtung des *v*, durch welche bisher meist *èc* und ebenso *íc* erklärt wurde, ist, von der Unzulässigkeit von *èvi* selbst abgesehen, ein lautgesetzlich durchaus unmöglicher Vorgang. Försters Deutungsversuch (Romanische Studien IV,60 Anmerkung) ist wohl kaum annehmbar; *coc* darf man, wie von Suchier (Zeitschrift II) gezeigt wurde, keineswegs aus *coc-si* herleiten.

Die 1. Pl. hat die Endung *ém (chantém, vendém)* = *ĕ́dim[us]*; die 3. *èron* und *èro* = **dĕ́derunt*. *clavellero* A. P. R. 485,44. *mesquero* A. P. R. 485,58. *pasero* D. Serm. B. Chr.[4] 25,40.

portero D. Serm. B. Chr.[4] 25,33. *airèren* E. J. (Lo) XV,24. *gardèren* E. J. (Lo) XV,20. XVII,6. *creèren* E. J. (Lo) XVI,9. XVII,9. *perseguèren* XV,20.

Für das Conditionale werden wir ein *dĕ́dĕram(t)* zu Grunde zu legen haben, provenzalisch *èra* in *chantèra*, *vendèra* (*anera* A. P. R. 497,8) wegen der offnen Aussprache des *e* vergleiche man auch Donat 61,12; die vereinzelt daneben vorkommenden Formen auf *a* (*chantara* etc.) (*amaras* E. J. (Lo) VIII,42), sind nachträgliche Anbildungen (Romania I, 268).

Das *ès* des Conj. Imperfecti geht auf *dĕ́dĭssem(t)* zurück (*ames* A. P. R. 496,7. *manjes* (R) A. P. R. 496,7. *rangures* Boeth. 179. *tornes* D. Serm. B. Chr.[4] 25,30. — *crees* (R) A. P. R. 496,7). In der 2. Sg. wird *e* gegen die Regel erhalten (vgl. darüber Romania VII,623): *chantèsses*, *vendèsses*. Auch hier findet man in allen 3 Klassen seltne Formen, die ein *a* statt des *e* aufweisen (vgl. das Paradigma bei Diez[4] II,204 und bei Bartsch) und Formen, die durch ein *a* verlängert sind (vgl. *essa*). Die Leys II,396 sehen diese Formen zwar für falsch an, sie finden sich aber schon im Johannisevangelium. *amassás* XIV,28, vgl. auch *aguessáz* XIV,7 (bei Diez II,200 steht irrthümlich *amássas* und *aguessaz*).

Für die 2. und 3. Pl. sind noch die regelrechten Formen *chantassés* (*dĕdissḗtis*) und *chantèsson*, *vendèsson* (*dĕ́dĭssent*) zu verzeichnen. *creessen* Boeth. 24.

Auch hier in der *ès*-Klasse werden wir lebende und erstarrte Flexion scheiden können; jener gehören die Verben auf *-ar* an, unter denen Neuschöpfungen so ausserordentlich zahlreich sind, dieser Verben der lateinischen Stamm- und *e*-Conjugation. Bisweilen sind Unterschiede in der Behandlung des Infinitivs zu bemerken, sie entsprechen jedoch meist nicht der lateinischen Scheidung, häufig stehen auch beide Formen nebeneinander.

II.

Paradigmen.

A. Perfecta, welche auf schriftlateinische Formen zurückgehen, oder an solche angebildet sind.

I. Der lateinische Stammvocal trägt den Ton. (I. (*és*-)Klasse).

a. Einfache Perfecta (ohne Tempuscharakter).

1. Ohne Bindevocal.

esser. (7)[1]) Perf. 1. *fúi*. 3. *fó*, *fón*. 4. *fóm*. 5. *fós*. 6. *fóron*. C. Imp. 1. *fós*. 3. *fós*. 5. *fossés*. 6. *fósson*, *fóssan*. Cond. 1. *fóra*. 3. *fóra*.

2. Mit Bindevocal.

faire. (8). Perf. 1. *féi*, *fi*. 2. *fezis*. 3. *féts*, *fés*, *féi* (*féy*), *fé*, *fi*, *fis*. 4. *fim*. 5. *fezés*. 6. (*feron*). Conj. Imp. 1. *fés*, *fezés*. 3. *fés*, *fezés*. 5. *fessés*. 6. *fésson*.

vezer. (9). Perf. 1. *ví*, *vic*. 2. *vist*. 3. *ví*, *vic*, *vit*. 4. *vim*. 5. *vits*, *vis*. 6. *viron*. C. Imp. *vis*, *vezés*. 3. *vis*. 5. *visés*. Cond. 3. *víra*.

b. Zusammengesetzte Perfecta. (Mit Tempuscharakter).

1. *s*-*í* Perfecta.

α. Der Verbalstamm geht auf eine Muta aus.

aa. Labial.

escriure. (9). Perf. 1. *escrys*. Imp. Conj. 3. *escriussés*.

bb. Guttural.

αα. Einfache Consonanz. Schriftlatein. Formen.

dire. (9). Perf. 1. *dís*. 3. *dís*. 5. *disés*. C. Imp. 1. *dissés*. 3. *dissés* (*disés*, *dichés*, *dixés*).

duire. (10). Imp. C. 3. (*a*)*dusés*.

teisser. (10). Imp. C. 3. *taissés*.

traire. (10). Perf. 1. *tráis*. 3. *tráis*(*a*-, *es*-, *re*-, *sos*-). 5. *traissés*. Imp. C. 1. *traissés* (*re*-). 3. *traissés* (*tragés*, *traichés*).

Angebildete oder alte Formen.

dozer. (11). Perf. 3. *duòis*.

tanher. (11). Perf. 3. *táis*. Conj. Imp. 1. *taissés*. 3. *taissés* (*tainsés*, *taignés*).

ββ. Complicierte Consonanz.

*Ohne Umstellung der Endconsonanten. Schriftlateinische Formen.

cenher. (11). Perf. 3. *céis* (*séys*).

destrenher. (11). Perf. 3. *destréis*. C. Imp. 3. *destreisés* (*es*-), *destrengués*.

fenher. (12). Perf. 3. *féis* (*féys*).

penher. (12). Perf. 3. *péys* (*de*-).

planher. (12). Perf. 1. *pláis*. 3. *pláis*. C. Imp. 3. *plaissés*, *plangués*.

estenher. (12). Perf. 3. *estéis* (*éys*). C. Imp. *esteissés*.

Angebildete oder alte Formen.

attenher. (12). Perf. 3. *attéis*.

empenher. (12). Perf. 3. *empéis*.

franher. (12). Perf. 3. *fráis* (*so*-), *frèc* (*en*-, *so*-). C. Imp. *frainsés* (*a*-).

**Umstellung der Endconsonannten.

(Sämmtliche Verba fügen noch das Perfectsuffix der *ès*-Klasse an).

viure. (12). Perf. 3. *visquèt*. C. Imp. 1. *visquès*. 3. *visquès*, *visqués*, *vesquis*.

elegir. (12). Perf. 3. *elesquèt*.

---

1) Seitenzahl der Abhandlung.

iraisser. (12). Perf. 3. *irasquèt.*
naisser. (12). Perf. 1. *nasquèi(iči)* 3. *nasquèt, nasquèc.* 4. *nasquèm.* 5. *nasquès.* 6. *nasquèron.* C. Imp. 1. *nasquès.* 3. *nasquès, nasquès.*

cc. Dental.

*Das latein. Perfect liegt zu Grund.

Schriftlateinische Formen.

raire. (13). Perf. 3. *rás.*
rire. (13). Perf. 3. *rís.*
***secodre**. (13). Perf. 3. *secós.*

Angebildete oder der alten Sprache angehörige Formen.

aucire. (12). Perf. 3. *aucís.* C. Imp. *auciès.* 3. *aucisès (aussisès, auzicès), auciès.* 5. *aucissès.* 6. *aucisèsson.*
sezer. (13). Perf. 3. *sis (a-).*

**Das latein. Praesens liegt zu Grunde.

metre. (13). Perf. 1. *mis, mès.* 2. *mesist.* 3. *mès (co-, entre-, per-, pro-, re-, tramès).* 5. *(tra-) mesès.* 6. *(mezèron).* C. Imp. *mesès (entre-, tra-).* 3. *mesès (antre-, re-, tra-).* 6. *(entra) mesèson.*
querre. (14). Perf. 1. *quis.* 3. *quès (con-, en-), quis (con-, en-), querí, queric.* C. Imp. 1. *quesès (con-).* 3. *quezès (con-).* Cond. 1. *queregra, (enquesira).*

β. Der Verbalstamm geht auf eine Liquida aus.

aa. *l.*

(as)solvre. (15). Perf. 3. *(as)sòls.* C. Imp. *solsès.*

bb. *m.*

temer. (15). C. Imp. 3. *tenssès.*
resemer. (15). Perf. 2. *rempsist.* 3. *rezèis.*

cc. *n.*

Schriftlateinische Formen.

(re)maner. (15). Perf. 2. *(re) masist.* 3. *(re)más.* C. Imp. 3. *(re)masès.* 5. *(re)mansesès.*
esponre. (16). Perf. 3. *espòs.*

Angebildete Formen.

defendre. (16). Perf. 3. *defés.*
prendre. (16). Perf. 1. *pris, prés (a-).* 2. *preist.* 3. *prés (a-, em-, es-, mes-, repres), pris.* 4. *presém.* C. Imp. 1. *presés.* 3. *presés (a-, es-).* 6. *preséssom.*
respondre. (16). Perf. 1. *resposí.* 3. *respós, respondèt.* C. Imp. *respondès, resposès.*
somonre. (17). Perf. 3. *somós.* Conj. Imp. 3. *somosès.*

dd. *r.*

Vom latein. Perfect aus gebildet.

terser. (17). Perf. 3. *tèrs.*
torser. (17). Perf. 3. *tòrs.*

Vom latein. Praesens aus gebildet.

sorger. (17). Perf. 3. *sórs.*
derger. (17). Perf. 3. *dèrs (a-).*

2. *u-i* oder *v-i* Perfecta.

a. Der Endconsonant des Verbalstammes erhält sich.

aa. *p.*

Bildungen vom Praesens.

caber. (17). Conj. Imp. 1. *caupés.* 3. *caubés.*
saber. (17). Conj. Imp. 1. *saubés.* 3. *saubés, sabéssa.* 6. *saupésson.*
percebre. (18) Conj. Imp. 1. *perceubés. (re-).* 3. *perceubés (apercebés).*

bb. *l.*

Ursprüngliche Formen.

caler. (18). Perf. 3. *cálc.* Cond. 3. *cálgra.*

doler. (18) Perf. 3. *dòlc*. 6. *dòlgron*. C. Imp. 3. *dolgués*. Cond. 3. *dòlgra*.
valer. (18). Perf. 3. *válc*. C. Imp. 3. *valgués*. Condit. 3. *válgra*.
voler. (18). Perf. 2. *volguist*. 3. *vòlc*. 6. *vòlgron*. C. Imp. 1. *volgués*. 3. *volgués*. 5. *volcsés*, *volsés*. Cond. 3. *vòlgra*.
volvre. (18). C. Imp. 3. *volgés*.

Anbildungen.

tolre. (18). Perf. 3. *tòlc*. 5. *tolgués*. 6. *tòlgron*. C. Imp. 3. *tolgués*.

co. *r*.

Bildungen vom Perfect.

merir. (19). Perf 3. *mérc*(?), *meríc*.
ubrir. (19). Perf. *ubérc*(?), *ubríc*, *ubrí*. C. Imp. *ubrís*.

Anbildungen an die endungsbetonten Formen zeigen sich bei

parer. (14). Perf. 3. *paréc*(*es*-), C. Imp. 3. *paregés* (*a*-). Cond. 3. *paregra*.

Bildungen vom Praesens.

soffrir. (19). Perf. 3. *sufèrc*(?), *sofrí*, *soffríc*. 4. *sufrém*. C. Imp. 1. 3. *sufrís*. Cond. 1. 3. *sofrira*.

dd. *n*.

Schriftlateinische Formen.

tener. (19). Perf. 1. *tínc* (*man*-, *re*-, *sos*-), *ténc* (*sos*-). 3. *ténc* (*cap*-, *re*-, *sos*-), *téc* (*re*-). 4. *tenguém*. 5. *tengués*. 6. *téngron* (*a*-, *man*-) C. Imp. 1. *tengués*. 3. *tengués* (*cap*-, *man*-, *re*-), *tenguis*. 6. *tenguésson*. Cond. 3. *téngra*.

Alt- und vulgärlateinische Formen.

venir. (20). Perf. 1. *vínc* (*re*-, *so*-); *convénc*, *so*-. 2. *venguis*. 3. *vénc* (*a*-, *con*-, *de*-, *re*-, *so*-). 5. *vengués* (*so*-). 6. *véngron*. C. Imp. 1. *vengués* (*so*-). 3. *vengués* (*a*-, *de*-, *re*-). 5. *vencsés* Cond. 3. *véngra*.

β. Der Endconsonant des Verbalstammes fällt ab.

aa. *c*.

jaser. (20). Perf. 3. *jác*, *jaquí*. C. Imp. *jagués*. Cond. *jágra*.
leser. (20). Perf. 3. *léc*, *líc*. C. Imp. 3. *legués*.
plaser. (21). Perf. (1. *pláyc*.) 3. *plác*. C. Imp. 1. *plagués*. 3. *plagués* (*des*-). Cond. 3. *plágra*.

bb. *v*.

Bildungen vom Perfect.

conoisser. (21). Perf. 3. *conóc* (*re*-). 4. *conoguém*. C. Imp. 1. *conogués*. 3. *conogués*. Cond. 5. *conográtz*.
creisser. (21). Perf. 1. *cric*. 3. *créc*. C. Imp. 3. *cregués*.
paisser. (21). Perf. 3. *pác*. C. Imp. 3. *pagués*. Cond. 3. *págra*.
plevir. (21). Perf. 1. *plevic*. 3. *plèc*, *pleví*. 5. *plevits*. Cond. 3. *plevira*.

Bildungen vom Praesens.

moure. (21). Perf. 1. *mòc*. 3. *mòc*. 5. *mogués*. C. Imp. 3. *mogués*. 6. *moguésson*.
ploure. (22). Perf. 3. *plòc*.

cc. *b*.

Schriftlateinische Formen.

aver. (22). Perf. 1. *aig*, *ag*, *áic*, *aiguí* (*mentaugi*). 2. *aguist*. 3. *ág*, *ác*. 5. *agués*. (6. *aguèron*.) C. Imp. 1. *agués*. 3. *agués*, *aguéssa*. 5. *accés*. Cond. 3. *ágra*.
dever. (22). Perf. 1. *déc*. 3. *déc*. C. Imp. 1. *degués*. 3. *degués*. Cond. 1. *dégra*.

Alt und vulgärlateinische Formen.

beure. (23). Perf. 3. *béc.* C. Imp. 3. *begués.*

dd. *t.*

poder. (23). Perf. 1. *pòc.* 3. *pòc.* C. Imp. 1. *pogués.* 3. *pogués.* 5. *pogsés.* Cond. 1. 3. *pògra.*

ee. *d.*

saser. (23). Perf. 3. *séc.*

II. Der lateinische Kennlaut trägt den Ton. (II. *(is-)* Klasse.) p. 23 ff.

Perf. 1. *partí, partíc, partis.* 3. *partí, partíc, partís, partít.* 4. *partím.* 5. *partítz.* 6. *partíron.*

Conj. Imp. 1. *partis.* 3. *partís.* 5. *partissés.* 6. *partisson.* Cond. 1. *partíra.* 3. *partíra.* 4. *partirám.*

Nach diesem Muster flectiert auch das gewöhnlich auf dem Vocal des lateinischen Stammes betonte *eissir.*

B. Perfecta, die als Ganzes nicht auf einer schriftlateinischen Form beruhen, auch keine Anbildung an eine solche darstellen. (III. *(ès-)* Klasse.) p. 25.

Perf. 1. *chantèi,* (*chantái*), *rendèi.* 2. *chantèst, chantièst; vendèst, vendièst.* 3. *chantèt, vendèt; chantèc, vendèc.* 4. *chantém.* 5. *chantès, chantèts.* 6. *chantèron, vendèron;* (*chantèro, vendèro).*

C. Imp. 1. *chantès, vendès.* 3. *chantès, vendès.* 5. *chantassés.* 6. *chantèsson, vendèsson.*

Cond. 1. *chantèra, vendèra.* 3. *chantèra, vendèra.*

Hierher gehören auch die auf dem Vocal der lateinischen Reduplicationssilbe betonten Verben *dar* und *estar.*

II.

Die Reimreihen.

---

ac (ag, aig).

Ross. — Crois. — Enim. — Nic. — Flam. Dalf. d'Alv. (119) 7. A. Arch. 34, 193. — P. d'Alv. (323) 11, B. Chr.[5] 77. 16, D. Chx. 4, 423. — P. Vid. (364) 27, Bartsch 22 — Raimb. d'Aur. (389) 9, s. p. 202.

-accum, *s. o. sg.* sac Ross. 658. *Adj. o. sg.* flac Ross. 529. 389,9.

-aco, 1. *sg. prs. i.* estac 389,9 (bis). estac 119,7. estrac 389,9 (quater). pac Ross. 658. 119,7. 364,27.

-actum, *s. o. sg.* agac Ross. 658.

-acum, *s. o. sg.* bac Enim. 227,1. brac Ross. 529. 658. 323,11. cemac Ross. 658. Crois. 86. lac Ross. 529. 119,17. pag Crois. 86. *n. p. o. sg.* Bragairag Crois. 86 (ac). 119,7. Cardaillac 119,7. 323,11. Galhac Crois. 86. 364,27. Laurac Crois. 86. 364,27. Moyssag Crois. 86. Saidarg Crois. 86. Saissac 323,11. 364,27.

Perfecta.

1. *sg.* aig 389,9.
3. *sg.* ac Ross. 529 (bis), 658. Enim 237,11. Nic. 2127. Flam. 278. 6624. 7243. 8063. 323,11. Donat. 22,22. ag Crois. 86. jac Ross. 529. Crois. 86. 119,7. pag Donat. 22,22. plac Ross. 529. 658. Enim. 227,1. 237,11. Nic. 2127. Flam. 278. 6624. 7243. 364,27. 389,9. Donat. 22,22.

agra.

Flam. — El. Cair. (133) 4, A. Arch. 33,444. — G. d. Born. (242) 54, B. Chr. 105.

-acra, agra(men) 242,54. sagra(men) 242,54.

-acram, *adj. r. sg. f.* agra Flam. 2757. 133,4.

-agra, *s. r. sg.* prodagra 242,54.

-agram, *adj. o. sg. f.* magra 242,54.

Conditionale I.

1. *sg.* jagra 133,4. 242,54.
3. *sg.* agra Flam. 2757. 7247. 133,4. 242,54. pagra 242,54. plagra Flam. 7247. 133,4. (und des-) 242,54.

Bemerkungen.

magra, adj. o. sg. f. (Chr. 105). Bartsch liest an dieser Stelle unrichtig *agra*: *Ges m'agra forsa lautrui vis; no m'a, s'eu m'oblit*.. (vgl. das Glossar); es ist zu bessern: *Ges magra forsa l'autrui vis no m'a, s'eu m'oblit ni*.. und zu übersetzen: »Nicht hat für mich magere (geringe, schwache) Kraft der Wein anderer Leute, wenn ich vergesse. . .«

ai.

Ross. 538.

-abeo, 1. *sg. prs. i.* ai.

1. *sg. ft.* dirai, irai.

-ac, *adv.* lai.

-acit, 3. *sg. prs. i.* fai.

-acum, *s. o. sg.* esmai. *n. p. o. sg.* Gervai. *adj. o. sg.* verai.

-adit, 3. *sg. prs. i.* vai.

Perfecta.

1. *sg.* gardai. laisai.

aic.

Nic. — Flam.

-aici, *s. r. pl.* laic Flam. 2160.

Perfecta.

1. *sg.* aio Nic. 915. Flam. 2160.
3. *sg.* playc Nic. 915.

ais.

Ross. — Jauf. — Hon. — Enim. — Nic. — Flam. — S Freud. — Agn. — Lai Markiol, Z. F. R. P. I, 61. — Arn. Dan. (29) 15. Can. 1. — B d. Born (80). Stim. 2. — B. Carb. d. Mars., Dern. Troub. VIII, 1. — G. Faid. (167) 8, Such. D. I, 331. — Gui (191) 1, Arch. 35, 101. — J. Rud. (262). 1, Stim. — P. R. d. Tol. (355) 6, Arch. 32,400. — P. Rog. (356) 1, Appel. — P. Vid. (364) 34, Bartsch 10; 35, Bartsch 22. — R. d'Aur. (389) 27, A Arch. 51,134. — R. d. Berbez. (421) 1, B. Chr. 170.

-acem, *s. o. sg.* pais Ross. 126. 80,2.

-aceo, *s. sg. prs. i.* tais 389,27.

-acet, 3. *sg. prs. i.* plais Ross. 586. tais Ross. 586.

-acidum, *s. o. sg.* esglais 364,35.

-acidus, *s. r. sg.* esglais Lai Mark. 29,15. 80,2. 389,27.

-aciem, *s. o. sg.* biais 80;9,12. 82, D. Tr. VIII, 1. 364,35. 389,27.

-aciet, 3. *sg. prs. c.* biais 262,1.

-acio, 1. *sg. prs. i.* biais 80,12. 167,8. 355,6.

-acis, 2. *sg. prs. i.* fais Ross. 126 (bis), 547, 586. desfais Ross. 547.

-acos, *adj. o. pl.* verais 80,9.

-acum, *n. p. o. sg.* Cambrais 82, D. Tr. VIII, 1.

-acus, *s. r. sg.* esmais Ross. 586. 356,1. *N. P. Cambrais* Ross. 126. 80,2. *adj. r. sg.* lechais 80,12. 364,34. savais 29,15. 80;2,32. 82, D. Tr. VIII, 1. 167,8. 389,27. verais 80;2,9,12. 82, D. Tr. VIII, 1. 364;34,35. 389,27. 421,1.

-ac(-)s, *s. r. sg.* pais Ross. 586.

-adios, *s. o. pl.* bais 364,35. brais 389,27.

-adius, *s. r. sg.* rais 29,15.

-agios, *s. o. pl.* essais Flam. 7040. 29,15. 167,8. 389,27.

-agis, *adv.* jamais 262, 1. mais Ross. 547 (bis). 586. Flam. 5208. S Freud. 86,43. Agn. 599. Lai Mark. 29,15. 80;2,9,12,32 etc. oimais 80,9. 421,1.

-aicus, *s. r. sg.* lais Hon. 16, 15. Nic. 1925. Flam. 590. Lai Mark.

-aius, *adj. r. sg.* gais Ross. 126. Lai Mark. 80;2,12,32. 167,8. 191,1. 82, D. Tr. VIII, 1. 262,1. 364,34. 389,27 (bis). *s.* mais 421,1.

-apsi, *s. r. pl.* cais 82, D. Tr. VIII, 1.

-apsum, *s. r. sg.* cais Ross. 586. *o. sg.* Ross. 126. Lai Mark. 29,15. 364,34. 389,27. carcais 82, D. Tr. VIII, 1.

-aptio, 1. *sg. prs. i.* enais Lai Mark.

-aquis, *n. p. o. sg.* Ais Ross. 126. 547. 586.

-ascem, *s. o. sg.* fais Ross. 126. Hon. 3,12. Lai Mark. 80,9. 191,1. 262,1. 364;34,35. 389,27.

-asces, *s. r. pl.* fais 355, 6. *c. o. pl.* fais Ross. 586. 80,32. 82, D. Tr. VIII, 1.

-ascit, 3. *sg. prs. i.* irais Ross. 126. 547. 586. 82, D. Tr. VIII, 1. 262,1. 356,1 etc. nais Ross. 547. 80,12. 191,1. 355,6. 364,35 (bis) etc. pais Ross. 126. 80,2. 82, D. Tr. VIII, 1. 389,27.

-ascitus, *p. p. r. sg.* pucnais 82, D. Tr. VIII, 1 (bis). pusnais Ross. 587. putnais 29,15.

-asco, 1. *sg. prs. i.* irais 421, 1.

-asi(a), *n. p. r. sg.* Alazais 82, D. Tr. VIII, 1.

-asiet, 3. *sg. prs. c.* bais. 29,15. 167,8.

-asios, *s. o. pl.* bais Ross. 126. pantais 389,27.

-asium, *s. o. sg.* ais 80,12. 82, D. Tr. VIII, 1. 389,27. bais Lai Mark. 80,9.

[illegible] Jauf. 135b. [illegible] D. Tr. [illegible] 389,27. [illegible] Ross. 547. [illegible] grais Lai Mark.

[illegible] abays Ross. 126. [illegible] 364,34. grais 389,27. [illegible] 126. 547. 80;2,32. [illegible]

[illegible] *s. o. sg.* abays 82, D. Tr. [illegible]

[illegible] *adj. o. sg.* grais 82, D. Tr. [illegible] 1.

-atia, *s. o. pl.* palays Enim. 220,12.

-atium, *s. o. sg.* palais Ross. 547. Jauf. 136b. Hon. 142,55. 146,12. Nic. 663. Flam. 922. 80,32. 82, D. Tr. VIII, 1. *adj. o. sg.* malvais 82, D. Tr. VIII, 1.

-atius, *adj. r. sg.* malvais Ross. 126. 547. 586.

-audius, *s. r. sg.* jais 80;2,12. 364,34. 389,27 (bis).

-axem, 1. *sg. prs. c.* lais 82, D. Tr. VIII, 1.

-axet, 3. *sg. prs. c.* lais Ross. 126. 547. 80,12. 356,1. 389,1. 167,8. pais 364,35.

-axo, 1. *s. prs. i.* lais Ross. 586. 80;12,32. 167,8 etc. apais Lai Mark. 80,32. 356,1. 262,1.

-axos, *s. o. pl.* eslais 80,32. 389,27.

-axum, *s. o. sg.* eslais Ross. 547. plais Lai Mark. relais Hon. 91,35.

Perfecta.

1. *sg.* plais Lai Mark. 82, D. Tr. VIII, 1. trais Flam. 5762.

3. *sg.* frais Ross. 126. 547. 80;2,12. 364,35. sofrais Flam. 463. 80;2,32. 421,1. plais Jauf. 135b. Hon. 16,15. 142,55. tais Jauf. 136b. Hon. 91,35. 146,12. Flam. 463. 167,8. 191,1 etc. atais Enim. 220,12. trais Ross. 126. 547. 586. Hon. 3,12. Nic. 663. 1925. Flam. 590. 922. Lai Mark. Agn. 599. (für trai): S Freud. 86,43. 80,32. 262,1. 364,35. 356,1 etc. atrais 80,9. 355,6. es- 25,19. 80,32. 167,8 etc. re- Flam. 5208. 7040. 80,2. 389,27. sos- 356,1.

Bemerkungen.

esglais (=**exglacidus*). Vgl. die beiden ältesten provenzal. Grammatiken, pag. 114. Diez, E. W. nimmt *gladius* zur Grundlage.

alc.

R. Vid III. 166,3.

Perfecta.

3. *sg.* valc. calc.

algra.

Flam.

Conditionale I.

3. *sg.* calgra Flam. 395. 6966. valgra Flam. 395. 6966.

am.

Uc Catola (451) 1, Da 760.

-amum, *s. o. sg.* ram.

-amo, 1. *sg. prs. i.* clam.

-amus 1. *pl. prs. c.* percoram. digam, fazam.

Conditionale I.

1. *pl.* partiram.

as.

Ross. — Flam. — Fortunier (158) 1, H. Arch. 34, 415.

-abes, 2. *sg. prs. i.* as Ross. 465. 659. 2. *sg. ft.* auziras Ross. 327. crieras Ross. 378. faras Ross. 466. sabras Ross. 659. trametras Ross. 466. veiras Ross. 378.

-abos, *s. o. pl.* dras Ross. 659.

-acous, *s. r. sg.* sas Ross. 659.

-achium, *s. o. sg.* bras Ross. 378.

-adis, 2. *sg. prs i.* vas Ross. 378. 659.

-andos, *s. o. pl.* demas 158,1.

-ans, *adv.* detras Ross 327. 378. 466. 659. tras Ross. 466.

-ansum, *s. o. sg.* mas Ross. 378.

-anus, *s. o. pl.* mas 158,1. *adj. r. sg.* vilas Ross. 659.

-as, 2. *sg. prs. i.* amenas Ross. 378. *s. o. pl.* armas Ross. 327. seculas Ross. 378. *adv.* certas 158,1.

-ascum, *n. p. o. sg.* Domas Flam. 214.

-asi, *s. r. pl.* nas Flam. 7431.

-asiee, 3. *sg. prs. c.* abras Ross. 378.

-asos, *s. o. pl.* nas Ross. 327.

-asse, *adv.* bas Ross. 466.

-assicum, *s. o. sg.* clas Ross. 327. 466.

-assum, *s. o. sg.* pas Ross. 327 (bis). 378. 466 (bis). 659. *adj. o. sg.* gras Ross. 466. las Ross. 378.

-assus, *adj. r. sg.* las Ross. 466.

-atos, *s. o. pl.* pratz Ross. 378.

Perfecta.

3. *sg.* ras Ross. 378. 465. remas Ross. 327. 378. 465. 659. Flam. 214. 619. 7431. B. G. 158,1.

atz.

Flam.

-achium, *s. o. sg.* bratz Flam. 7993.

Conditionale I.

2. *pl.* conogratz Flam. 7993.

é.

Hon. — F. Lun., Rom. — Brev. — Bern. Marti (63) 4, E. E^a: M. G. 509, 510. — B. d. Paris (85) 1. B. D. p. 85. — Gui (191) 2, R. — G. Adem. (202)9, D. Chx. 3,196. — G. d. Cabest (213)2, M. W. 1,110. — G. Fig. (217)8, C. — Joan Est. (266)6, Azais, p. 75. — R. de Vaq. (392)26, B. M. G. 76.

-ê, *pron.* me F. Lun., Rom. 63,4. 191,2 etc. se F. Lun., Rom. Brev. 1489. 191,2 etc.

-êdem, *s. o. sg.* merce F. Lun., Rom. 63,4. 191,2. 202,9 etc.

-êdit, 3. *sg. prs. i.* cre F Lun., Rom. re- F. Lun., Rom. 63,4. etc.

-êdo, 1. *sg. prs. i.* cre 63,4. 85,1 (bis). 191,2. 213,2.

-êdum, *s. o. sg.* palafre 191,2.

-êm, *s. o. sg.* re F. Lun., Rom. 63,4. 85,1 (5×). 191,2 (bis). etc.

-émper, *adv.* ancse 63,4. 191,2. 266,6. dese 213,2. 266,6. jasse F. Lun., Rom. 202,9 etc.

-ênem, *adj. o. sg.* le 202,9.

-ĕnĕ, *adv.* be 85,1. 191,2. 217,8 etc.

-ĕnit, 3. *sg. prs. i.* te F. Lun., Rom. 217,8 etc. cap- F. Lun., Rom. 217,8. man- 191,2. 217,8. re- F. Lun., Rom. 202,9. 392,26. sos- 217,8. ve 63,4. 202,9. 213,2. a- 213,2. 217,8 392,26. co- 63,4. F. Lun., Rom. 202,9. 217,8 etc. es- 202,9. mesa- 392,26. re- 217,8. so- F. Lun., Rom. 63,4. 191,2 etc.

-ênum, *s. o. sg.* ale 392,26. fre F. Lun., Rom. 191,2 etc. *adj. o. sg.* ple 217,8.

-ŏnum *s. u. adj. c. o. sg.* be F. Lun., Rom. 63,4. 202,9. 217,8 (bis) etc.

-ĭd, *pron.* que F. Lun., Rom. Brev. 17210. 191,2 (bis). 202,9 etc.

-ĭdem, *s. o. sg.* fe F. Lun., Rom. 63,4. 191,2 etc.

-ĭdeo, 1. *sg. prs. i.* ve F. Lun., Rom.

-ĭdet, 3. *sg. prs. i.* ve 63,4. 191,2.

-inde, *part.* ne 266,6.

-ingit, 3. *sg. prs. i.* estre 202,9.

Perfectum.

3. *sg.* ame (für amet) Hon. 142,17. fé.

Bemerkungen.

comté s. o. sg. 191,2. In einzelnen Fällen findet man auch sonst bei den Trobadors einen unbetonten Vocal mit einem betonten gereimt. Bartsch hat (Z. F. R. P. II, 131) von dieser Erscheinung gehandelt, ebenso thut ihrer Paul Meyer (Rom. VIII, 209) Erwähnung; ich füge den hier bereits beobachteten Vorkommnissen noch einige weitere hinzu. Bert. Zorgi 6. M. G. 570 reimt *nóstre* mit *re, móstre* mit *mercé*, die Reimchronik vom Navarrakrieg bindet *sazó, orazó* mit *escritèro fòro*. Auch in der Legende vom heiligen Trophimus finden sich ähnliche Fälle. (Betreffs eines Versehens in den Ausführungen von Bartsch vergleiche die Anmerkung zu *vergés*, Reimreihen auf *ès*).

ame (3. sg perf. von *amar*) steht Hon. 142,17 im Reime mit dem Namen *Diodé*, welcher 142,43 mit *bén* (s. o. sg. *bĕnum*) gebunden ist.

éc.

Ross. — Hon. — Enim. — Nic. — Jauf. — Flam. — Alegr. (17) 2, P. O. 351. — B. d'Alam. (76) 16, H. Arch. 34,392 — G. d. Born. (242) 17, A. Arch. 51,5. coll. D. — P. d'Alv. (323) 9, M. G. 223 (C). — P. R. d. Tol. (355) 14. M. G. 942. — R. d'Aur. (389) 36, A. Chr. 67.

-aequet, 3. *sg. prs. c.* ec 76,16. 355,14.

-aequo, 1. *sg. prs. i.* ec 242,17. az- 389,36. desaz- 389,36.

-ĕccum, *adj. o. sg.* lec 355,14.

-ĕccus, *adj. r. sg.* lec 323,9.

-ĕdĕcum, *s. o. sg.* dec Enim. 230,26, 17,2. 389,36. 410,2. en- 323,9.

-iccet, 3. *sg. prs. c.* sec 245,14.

-icci, *adj. r. pl.* sec 17,2 (bis). 389,36.

-icco, 1. *sg. prs. i.* sec 17,2. 242,17 (bis).

-iccum, *adj. o. sg.* sec Ross. 94. 360. Hon. 30,14. 17,2 (quinquies). 323,6.

-icem, 1. *sg. prs. c.* fabrec 355,14. desplec 355,14.

-icet, 3. *sg. prs. c.* abrec 389,36. plec 76,16; es- 389,36. 17,2.

-ico, 1. *sg. prs. i.* embrec 355,14.

-iiem, 1. *sg. prs. c.* estec 389,36.

-iiet, 3. *sg. prs. c.* estec 76,16.

-ercum, *s. o. sg.* albere Nic 1307.

-isque, *pron.* quec 355,14.

Eigename: Josep Nic. 1233.

Perfecta.

1. *sg.* déc 242,17.

3. *sg.* béc Ross. 94 17,2. créc. Ross. 94. 360. 17,2. 76,16. 242,17. 355,14. déc Nic. 795. 1307. 1333. Flam. 100. 5758. 17,2. 76,16. 323,9. 355,14. falhéc Ross. 94. fréc Ross. 360. en- Ross. 94. so- Ross. 94. léc Ross. 360. Hon. 30,14. 161,11. 17,2. 242,17. paréc Flam. 5758. 17,2. 242,17. 355,14. 389,36. a- Hon. 161,11. Nic. 975. es- 242,17. plaidéc Ross. 94. pléc Flam. 100. téc Ross. 94. re- Ross. 94. 360. séc Enim. 230,26.

Anmerkungen.

Für einzelne der aufgeführten Reimworte und Perfectformen kommen folgende Stellen des Donat in Betracht, die dem betonten *e* ebenfalls geschlossene Aussprache sichern: 45,28 *Decs. i. vitium*; 45,29 *Lecs .i. leccator*; 45,34 *Plecs .i. plices*; 45,30 *Quecs .i. quisque*; 45,25 *Secs. i. secs*; alle unter der Rubrik »*In ecs estreit*«. Ferner 21,30: *In ec estreit* »*bec .i. bibit, lec .i. licuit, sec. .i. sedit, tec .i. tenuit, dec i. debuit*«. Die nur im Girart belegten Formen *falhec* und *plaidec* sind aus der gegebnen Zusammenstellung natürlich auszuscheiden.

Für *Bec* (Ross. 360), *bofec* (Ross. 94), *mec* (355,14), *Ramec* (Ross. 94) und *Romec* (Ross. 360) vermag ich eine einigermassen sichere Grundlage nicht beizubringen, doch dürfen wir das *e* in *Bec* als geschlossen ansehen, da auch der Donat 45,27 *Becs.i.proprium nomen viri* unter *ecs estreit* stellt.

déc. Diez, E. W. IIc schlägt für *dèc* und *déc* als Grundlage *indictum* vor, der Vocal (?) würde aber nur zu *déc* passen, wie schon in der Ausgabe der beid. ältest. prov. Gram. pag. 115 bemerkt wurde. Ich setze für *décs* (*.i. vitium*) *dēdĕcus* und für *dècs* (*.i. terminus*) *dĕcus* an. Die Bedeutung dieser Worte im Lateinischen, ist für das provenzal. *décs* geblieben, für *dècs* leicht zu vermitteln.

Die Ausführungen von Canello, der ein Schwanken im Gebrauch von *déc* und *dèc* feststellen will (Arn. Dan., p. 187), sind gegenstandslos, da *dècs* am betreff. Orte nicht die Bedeutung ‚*vitium*' hat, die ihm C. geben zu müssen glaubt, sondern durch ‚Gebot‘ zu übersetzen ist und sich so vermittelst des Zwischengliedes ‚Richtschnur‘ eng an ‚*terminus*‘ anschliesst, also regelrecht offnes *e* zeigt.

éc von *egar* entspricht einem lateinischen *aequo*, auf welches auch *asec* und *desasec* zurückgehen. Lateinisches *ae* sollte *è* ergeben, doch scheint hier eine Ausnahme zu bestehen, wofür auch das italienische *adéquo* spricht (altfrz. *aiver* und *desaiver*). Die Worte finden sich im Ganzen nur selten.

estec ist eine Nebenform von *estei*, weitere Belege kenne ich nicht. *estei* selbst hat man als aus *esteja* entstanden anzusehen und nicht, wie Diez II, 205 meint, lateinisch *stem* als Grundlage zu nehmen; [*esteja* ist nach ihm (II, 153) Anbildung an den Conjunctiv von *esser* (*sia*), das ital. *stia* ist zu vergleichen]. *estegon* findet sich im Honorat, Kap. 52, *estegont* B. Chr. 235, 30. Diez bringt II, 205 Anm. auch noch als 3. Sg. Prs. Conj. *estón* und *esto*, welches, wie er glaubt, nach *do* gebildet ist, ausser an den von ihm citierten Stellen findet sich die Form noch bei B. d. Born 21, 55. Man vergleiche Stimmings Anmerkung und namentlich auch das in der Flamenca sich findende *estuja*.

plec von *plevir*; *praebere*, welches Diez (E. W. 658) und nach seinem Vorgang Förster (im Gloss. zu Aiol) als Grundlage aufstellt, scheint wegen des *é* ausgeschlossen zu sein.

téc. Wegen *téc* für *tenc* ist zu vergleichen Hentschke: Die Verbalflex. des Gir. d. Ross. pag. 41, Anmerk.

èc.

Ens. d. guarso. — Guir. d. Cabr., Ens. — Gav. (174) 8, C. M. G. 1069. — P. d'Alv. (323). 1, M. G. 1. 812. 813. 1319; 6, M. G. 280 (N). Arch. 51,3 (A). — P. d. Prinhac. Joyas, p. 10—12.

-**ecum**, *adj. o. sg.* grec 174,8. sec 323,1.

-**ècet**, 3. *sg. prs. c.* pec 323,6.

-**èco**, 1. *sg. prs. i.* pec 323,6.

-**ècum**, *s. o. sg.* bec 323,6.

-**ècum**, *adj. o. sg.* pec 174,8. senec 174,8.

-**èquit**, 3. *sg. prs. i.* sec 323,6. con- 323,1.

Eigennamen: Erec Guir. d. Cabr., Ens. 90,14.

Perfecta.

3. *sg.* abrasèc 323,1. amèc 174,8. 323,1. anèc. Ens. d. guarso. 124,4. aüzèc 323,1. conquistèc Guir. d. Cabr., Ens. 90,14. engendrèc P. d. Prinhac. entalèc 174,8. essenhèc Ens. d. guarso 116,1. estèc 323,6. formèc 323,1. ostèc. Ens. d. guarso 114,18. saludèc Ens. d. guarso 114,18. rendèc Ens. d. guarso 124,4. siguèc Ens. d. guarso 116,1. cazèc 323,6. nasquèc P. d. Prinh. parèc Jauf. 65ª. 323, 6.

Bemerkungen.

Für *bavec*, *cavec*, *Erec* und *nec* vermag ich Grundlagen nicht zu finden. *bavec* steht im Donat 45,17 unter *hecs larg*: *Bauecs .i. baueca quod de facili mouetur* (vgl. auch Wichmann, pag. 9); für *Erec* lässt sich aus anderweiten Bindungen ein offenes *e* nachweisen (Wichmann, pag. 10); *nec* versucht Diez, E. W. 646, zu erklären, doch ist sein Vorschlag unannehmbar. (Vgl. Die beid. ältest. provenzal. Grammatiken, pag. 115,4).

égra.

B. d. Vent. (70) 3, M. G. 208 C. 259 S. 701 M. 702 R. Del. 24 S.

-**igra**, *adj. r. sg. f.* negra.

Conditionale I.

1. *sg.* degra. queregra. estegra.
3. *sg.* escazegra. paregra.

Anmerkungen.

Die Aussprache von *ner* scheint schwankend gewesen zu sein, dagegen lässt sich für *negre* nur geschlossenes *e* nachweisen (vgl. Wichmann, pag. 19, 20).

W. (a. a. O.) bringt *estegra* mit *estener* (= *abstinere*) zusammen, sicherlich nicht mit Recht, *estegra* muss von *estar* hergeleitet werden, freilich ist die Form ungewöhnlich ebenso wie die Aussprache des *e*; auch in *escazegra* und *queregra* fällt das *é* auf.

éi.

Hon. — Guir. d. Cabr., Ens. · Folq. Rom. (156) 6, B. Chr. 196. — Marcabr. (293) 25, L. B. 55 (EC). — P. Card. (335) 48, Meyer, Rec. p. 91. — P. Rog. (356) 6, Appel, Nro. 3.

-ē, *pron.* mei 293,25. 356,6.

-ēbeo, 1. *sg. prs. i.* dei 335,48. 356,6.

-ēctum, *s. o. sg.* drei 293,25.

-ēdeo, 1. *sg. prs. i.* crei 356,6.

-ēgem, *s. o. sg.* lei Hon. 7,25; 16,28; 29,35; 78,13 etc. 335,48. des- 293,25. rey Hon. 2,39; 7,25; 15,14; 19,26 etc. Guir. d. Cabr., Ens. 92,11.

-ĕget, 3. *sg. prs. c.* renei 335,48.

-ēgi, *s. r. pl.* rey Hon. 192,4.

-ēsum, *s. o. sg.* arnei Hon. 199,17. 335,48.

-ĭcem, 1. *sg. prs. c.* barrei 335,48. desplei 335,48. 356,6. esbaudei 335,48.

-ĭcet, 3. *sg. prs. c.* esbaudei 356,6.

-ĭco, 1. *sg. prs. i.* autrey 156,6. 293,25. 356,6. domney 356,6.

-ĭdeo, 1. *sg. prs. i.* vei Hon. 188,7. 335,48. 356,6.

-ĭgium, *s. o. sg.* navey Hon. 173,34.

-ĭlet, 3. *sg. prs. c.* estei 256,6.

Perfecta.

1. *sg.* féi Hon. 188,7. 335,48.

3. *sg.* fei Hon. 2,39; 7,25; 15,14; 16,28; 19,26 etc.; Guir. d. Cabr. Ens 92,11. 293,25. 156,6. 356,6.

Anmerkungen.

renéi (= **nĕget*). Altfranzösisch besteht ein auf **nĕgare* zurückgehendes *noier* neben *nier* (*nĕgare*), ein *proier* (**prĕcare*) neben *prier* (*prĭcare*); wir dürfen wohl für das Provenzalische ein ähnliches Verhältnis annehmen.

èi.

Jauf. — Nic. — K Jes. — Flam. — Brev. — Agn. — Arn. Dan. (29) 13. Can. IX. — Gui d. Cav. (192) 3, H. Arch. 34,416. — G. P. de Caz. (227) 11. — P. Brem. (330) 10, A. Arch. 34,178. — P. Card. (335) 50, L M. G. 1248. — Raim. d'Av. (394) 1, B. Chr. 209.

-abeo, 1. *sg. prs. i.* ei 192,3. 335,50. (iey) 227,11.

1. *sg. ft.* amerei 335,50. aurei 192,3. 335,50. chanterei 335,50. creirei 192,3. direi 192,3 (bis). durei 330,10. farei 192,3. iriei 330,10. pensarei 330,10. portarei 192,3. veirei 330,10. viurai 330,10. volrai 335,50.

-avium, *s. o. sg.* grei 29,13.

-aeo, *pron.* liei 29,13. 192,3. 227,11. 330,10.

-aplo, 1. *sg. prs. i.* siey 227,11.

-ĕcet, 3. *sg. prs. c.* prei 335,50.

-ĕdium, *adj.* demei 335,50.

-ĕgum, *s. o. sg.* nei 29,13.

-ĕviet, 3. *sg. prs. c.* brei 29,13.

-ĭco, 1. *sg. prs. i.* domnei 29,13.

-ĭcum, *s. o. sg.* domnei 335,50.

Perfecta.

1. *sg.* amèi 29,13. 335,50. anèi Flam. 262. (anièy) 227,11. bategièy Nic. 1897. botièy K Jes. 290,19. comensèy 227,11. comprièy Brev. 16282. cugièy 227,11. comprèi 192,3. demandèi Jauf. 141a. 330,10. demostrièy Nic. 1897 etc.
perdèi 192,3. rendèi Jauf. 168a. vendèi 394,1.
nasquièi Agn. 597. 330,10. (èi) Flam. 262. venquèi Jauf. 168.

éis.

Hon. — Enim. — Flam. — D. Prad., Rom. — Arn. d. Mar. — Brev. —

B. d. Born (80) 1, 30, 38 (Stim.). — Folq. Lun. (154) 6. (Eichelkr. 5). — G. d. Born. (242) 22, D. Milá 340; 30, A. Arch. 51,17. — P. d'Alv. (323) 21, M. G. 1022. — P. Vid. (364) 7, Bartsch 45. — R. d'Aur. (389) 36, Arch. 51,183. — R. d. Vaq. (392) 24, P. O. 81. — Raim. Mir. (406) 8, A. Arch. 51,151.

-aecce, *pron. prs.* lais 389,36.

-ëctus, *adj. r. sg.* adreys 154,6. 389,36.

-ëges, *s. o. pl.* leis 80,30. 154,6. 242,30 etc. reis Hon. 120,35.

ëgium(?), *s. o. sg.* neis 364,7.

-ëg(—)s, *s. r. sg.* leis 392,24.

-ensus, *p. p.* enceis 80,1.

-ëses, *s. o. pl.* arneis 392,24.

-ëscit, 3. *sg. prs. i.* creis Hon. 77,39. Flam. 545. 80;1,38 (bis). 154,6. 242,30 etc. pareis 80;1,30. 364,7 etc.

-ëx, *s. r. sg.* reis Hon. 14,9. 80;30 (ter), 38 (bis). 154,6. 242,30 etc.

-ëinm, *s. o. sg.* pleideis 389,36.

-ïcos, *s. o. pl.* torneis 80,38. 364,7. 392,24.

-ïcus, *s. r. sg.* domneis 80;1,22,30. 364,7 etc. torneis 80,1.

-ïdius, *s. r. sg.* esfreis 392,24. sordeis 406,8.

-ïdios, *s. o. pl.* esfreis 406,8. freis 389,36. 406,8.

-ipse, *part.* eis Enim. 269,32. 80,38. meteis Flam. 1652. 7289. D. d. Prad., Rom. 1097. Brev. 28654. 80;30,38. 242;22,30 etc.

-ipsos, *part.* eis 154,6.

-ïscem, *s. o. sg.* peis 392,24.

-ïsces, *s. o. pl.* peis 80,1.

-ïscis, *s. r. sg.* peis 80,38. 364,7.

-ïscos, *s. o. pl.* Grezeis 392,24.

-ïticus (ïcus), *s. r. sg.* malaveis 364,7. 389,36.

-ius, *part.* anceis 242,30. 364,7. *adj. c. r. sg.* genseis 242,22.

Perfecta.

3. *sg.* atéis Brev. 28654. 80,38. 154,6. 242,30. 392,34. céis Hon. 91,37; 150,5; 189,9. Flam. 7289. 154,6. 392,24. destréis Hon. 189,9. 80,30. 389,36. 406,8. es- Hon. 77,39. empéis Hon. 91,37; 120,35; 150,5. 80,30. 154,6. 242,30. estéis Hon. 14,9. Enim. 269,32. B. Chr. 95. 323,21 etc. féis Flam. 545. D. Prad., Rom. 1097. 154,6. 242,30. 364,7. 389,36. péis 154,6. de- 80,1. 242,30. rezéys 389,36.

Anmerkungen.

Folgende von den vorgenannten Reimworten stellt der Donat unter unter *eis estreit*: 46,15 *Creis .i. crescit.* 46,13. *Eis .i. ipse.* 46,3. *Leis .i. lex.* 46,4 *Peis .i. piscis.* 46,11 *Reis .i. rex* 46,14. *El meteis .i. ille ipse.*

Wegen *feys* 3. *sg. prs. c.* (154,6.) vgl. Donat 115,43.

feys. Anc de nulha ren non si feis
Deus cant el la formet tan genta.

»Gott war in Nichts träge, als er sie so schön schuf.« Es liegt hier das lateinische *fingëre* zu Grunde, doch ist die Bedeutung nur durch Zwischenglieder zu vermitteln.

malaveis. Wegen der Grundlage vergleiche man die Ausführungen von Tobler Z F R P. II, 573.

rezeys, welches die Handschriften C M u. N bieten (R. d'Aur. 36. B. Chr. 68), muss für das ungewöhnliche Participium *conqueis* eingesetzt werden; *rezeys* ist Praeteritum, eine Nebenform von *redems*, *reems* (man vergleiche *rezetso* und *redempso*).

Die betreffende Stelle würde dann folgendermassen wiederzugeben sein: »eine solche Freude hat mich ergriffen und mich erlöst, die niemals thörichten Worten glaubte.«

èis.

Brev.

-aecce, *pron.* lieis Brev. 31634.

Perfect.

3. *sg.* iéis Brev. 31634.

ém.

Jauf. — Nic. — K Jes. — R. Vid., III. — Flam. — G. Folq. — A. G. d. Mars., Ens. — Arn. Dan. (29) 8. Can. XII. — Pastorelles. Joyas, 89—92. — P. de Prinh. Joyas, 10—12. B. Chr. 373.

-ìm(us), 1. *pl. prs. i.* crezem G. Folq. 280,261. entendem 29,8. sabem 29,8. sufrem Joyas 10—12.

-elmum, *n. p. o. sg.* Guillem 29,8.

-êm(us), 1. *pl. ft.* anarem Flam. 3071. serem K Jes. 296,36.

Perfecta.

1. *pl.* fezém. Nic. 731. 1347. Flam. 3071. decssém Nic. 731. mezém Nic. 1347. prezém Jauf. 59ᵃ. nasquém Joyas 10—12. conoguém Jauf. 59ᵃ. deguém Nic. 1057. venguém Nic. 1057. R. Vid. III, 192,12. tenguém Flam. 4030. — anèm K Jes. 295,38. auzém Nic. 1253. baissém Flam. 1545. 29,8. convidém K Jes. 283,5. costém G. Folq. 230,26. dém K Jes. 283,5 etc.

Conj. Imperf.

1. *pl.* aossém Flam. 4020. — anásem Jauf. 134ᵇ. anessém K Jes. 289,5. 296,36. amenassém Jauf. 134ᵇ. comtessém K Jes. 289,5. portassém Nic. 1569.

enc.

Jauf. — Enim. — Nic. — K Jes. — R. Vid., I, II. — Flam. — G. Folq. — G. d. Cabr., Ens. — Brev. — Arn. Dan. (29) 5, Can. VIII. — Gav. (174) 4, P. O. 43. — G. Adem. (202) 3, C. — G. Riq. (248) 65, M. W. 4,80. — R. d'Aur. (389) 3, A. Arch. 51,134.

-antum, *s. o. sg.* brenc 174,4.

-endeo, 1. *sg. prs. i.* attenc 174,4. prenc 29,5. 174,4. 202,3. 248,65. a- 248,65.

-ěneo, 1. *sg. prs. i.* tenc Flam. 6385. 29,5. 174,4. 202,3 (bis) etc.

-enit, 3. *sg. prs. i.* venc 389,3. so- 389,3.

-entem, *adv.* mantenent K Jes. 272,3.

-ente, *adv.* issamen K Jes. 294,27.

-inci, *s. r. pl.* renc 29,5.

-inco, 1. *sg. prs. i.* derrenc 389,3.

-incum, *s. o. sg.* arenc 174,4. renc Flam. 950. 389,3. — *n. p. o. sg.* Castenc 174,4. Deuisenc 174,4.

-ingo, 1. *sg. prs. i.* destrenc 174,4. espenc 174,4. estrenc 174,4. (3. *sg.*) 202,3.

-inguo, 1. *sg. prs. i.* estenc 202,3.

-inquum, *s. o. sg.* fadenc 29,5. palenc 174,4. velhenc 202,3. — *adj. o. sg.* foguienc Nic. 1511. ramenc 202,3. *n. p. o. sg.* Loerenc. Guir. d. Cabr., Ens. 90,11.

Perfecta.

1. *sg.* tenc 389,3 (bis). sos- 248,65. convenc Jauf. 137ᵇ. so- 389,3 (ter).
3. *sg.* tenc Jauf. 49ᵃ. 53ᵃ. 62ᵃ. 108ᵃ. Enim. 221,6. 244,19. Nic. 1511. Flam. 3189. 4134. 4322 etc. Brev. 21885. cap- R. Vid. Nov. II; 221,29. Flam. 5932. re- Flam. 150. 29,5. 174,4. sos- 389,3. venc Jauf. 62ᵃ. 108ᵃ. 122ᵃ. 137ᵃ. Enim. 221,6; 240,29; 244,19. K Jes. 272,3; 294,27. R. Vid. I, 399. II; 221,29. Flam. 150. 4322. 4886 etc. Brev. 21885. 29,5. a- R. Vid. I, 399. 174,4. 202,3. con- Jauf. 122ᵃ. Flam. 6493. de- Jauf. 53ᵃ. es- Enim. 240,29. re- G. Folq. 279,227. Flam. 3189. so- 174,4.

engra.

Flam.

Conditionale I.

1. *sg.* tengra Flam. 1089.
3. *sg.* vengra Flam. 1089.

engron.

Jauf. — Flam.

Perfecta.

3. *pl.* tengron Flam. 4734. a- 7221. man- Jauf. 48ª. vengron Flam. 4734. 7221. Jauf. 48ª.

èra.

Enim. — Flam. — Diät. — G. P. d. Caz. (227). — P. Vid. (364) 3, (Bartsch 21).

-aera, *s. r. sg. f.* enquera 227,11.

ara, *part.* era 227,11.

-ĕra, *adj. r. sg. f.* fera Flam. 7838. 227,11. 364,31.

-ĕram, *s. o. sg. f.* bera 364,21. fera. Flam. 2901.

-ĕrat, 3. *sg. prs. i.* era Enim. 266,11. Flam. 310. 3157. Diät. 201,17. 364,21. esmera Flam. 5542. 227,11.

Conditionale I.

1. *sg.* amèra 364,3. blasmèra 364,3. donèra Flam. 2901. estèra 364,3 etc. crezèra Enim. 266,11. respondèra Flam. 4312.

3. *sg.* amèra Flam. 1417. ausèra Flam. 5093. caussèra Flam. 2210. costèra Flam. 3157. cujèra Flam. 4512 etc. entendèra Flam. 4512. escondèra Flam. 4004.

Anmerkungen.

Das Verbalsubstantiv *enquera* setzt ein *querir* mit inchoativer Erweiterung voraus; von *querer* und von *querir* (nicht inchoativ) ist abzusehen.

èrc.

Enim. — Gav. (174) 7; M. G. 1067.

-ĕrdeo, 1. *sg. prs. i.* perc.

-ĕricum, *s. o. sg.* clerc.

-ĕrigit, 3. *sg. prs. i.* erc. derc.

-ĕrigo, 1. *sg. prs. i.* conderc. derc.

-ĭalcum, *n. p. o. sg.* Domerc.

-ircet, 3. *sg. prs. c.* serc.

-irco, 1. *sg. prs. i.* serc.

-irideo, 1. *sg. prs. i.* reverc.

-ĭridii, *s. r. pl.* verc.

Perfecta.

3. *sg.* mérc 174,7. suférc Enim. 230,22. 174,7. uberc Enim. 230,22.

èron (èro).

Jauf. — Hon. — Enim. — Nic. — K Jes. — R. Vid., III. — Flam. — S Freud. — A. G. d. Mars., Ens. — Brev.

-aerunt, 3. *pl. prs. i.* queron K Jes. 297,21.

-ĕrant, 3. *pl. imperf.* eron Jauf. 161ᵇ. Enim. 269,26. Nic. 1651. KJes. 274,9; 279,30; 281,16; 292,18; 299,25. Flam. 7495. Brev. 22403.

Perfecta.

3. *pl.* alegrèron Flam. 6719. anèron Flam. 4498. cantèron Flam. 3241. caussèron Flam. 5826. crebèron Flam. 7954 etc. perdèron Jauf. 167ª. Brev. 8229. seguèron Flam. 924. nasquèron Flam. 5836. aguèron K Jes. 272,13. fèron R. Vid. III; 168,16.

érs.

Arn. Dan. (29) 13. Can. IX. — G. d. Born. (242) 74. A. Arch. 33,317. — P. Card. (355) 33, C. M. G. 974.

-ĕricos, *s. o. pl.* clers 335,33.

-ĕres, *s. o. pl.* plazers 29,13. sers 29,13. vers 29,13. volers 29,13.

-ĕrus, *s. r. sg.* avers 29,13. 242,74. 335,33. devers 335,33. espers 29,13. 242,47. 335,33. plazers 242,47 (bis). 335,33. poders 242,47. 335,33. remaners 242,47. sabers 242,47. 335,33. temers 242,47. valers 242,47. volers 335,33. — *adj. c. r. sg.* sers 242,47. vers 242,47. 335,33.

Perfecta.

3. *sg.* dérs 29,13. 242,74. a- 335,33.

Anmerkungen.

Unter der Rubrik »*ers estreit*« finden sich im Donat folgende von den oben aufgeführten Wörtern: 48,34 *Auers* .i. *habere.* 48,35 *Deuers* .i.

debere nominaliter. 48,36 *Espers* .i. *spes vel speres*. 48,34 *Podera* .i. *posse, nominaliter possum*. 48,31 *Sabers* .i. *sabere*. — 48,41 *Sers* .i. *sero*. 48,42 *Uers* .i. *uerum*. 48,38 *Ders* .i. *erexit*.

èrs.

Ross. (Hof. 6728).

-ĕbricus, *adj. r. sg.* teners.

-ĕrdis, 2. *sg. prs. i.* pers.

-ĕres, 2. *sg. prs. i.* mers.

-ĕrsos. *s. o. pl.* vers.

-ĕrsum, *p. p.* apers.

-ĕrsus, *praep.* convers. evers.

-ĕrtus, *adj. r. sg.* culvers. desers.

-ĕrus, *adj. r. sg.* fers.

-ĕrvis, 2. *sg. prs. i.* desers.

-ĕrvos, *s. o. pl.* ners.

-ĕrvus, *s. r. sg.* sers.

Perfectum.

3. *sg.* tèrs.

Anmerkungen.

Die 3. Sg. Perfecti *ters* muss für *ders*, welches Hofmann und Bartsch (Chr.41,10) bieten, eingesetzt werden, da es sich um eine è Tirade handelt, *ders* aber *é* hat. Für offnes *e* in *ters* spricht der Donat 22,37: *In ers larg* ‚*ters* .i. *tersit*, *esters* .i. *extersit*'. Diese Aenderung hat schon Wichmann (pag. 19) vorgeschlagen.

Folgende von den oben genannten Worten bezeichnet der Donat als auf *ers larg* ausgehend: 48,18 *Conuers* .i. *conuersus*. 48,12 *Sers*. .i. *seruis*. 48,16 *Enuers* .i. *inuersus*. 48,20 *Fers* .i. *ferus*. 48,11 *Sers* .i. *seruus*. 48,14 *Uers* .i. *uersus*.

és.

Jauf. — Crois. — Hon. — Enim. — Nic. — KJes. — R. Vid. II, III. — Flam. — D. d. Prad., Rom. — G. Folq. — Ens. d. l. dons. — Ens. d. guarso. — G. d. Cabr., Ens. — Brev. — Aim. d. Bel. (9) 3, D. 192; 7, D. 186. — Aim. d. Peg. (10) 6, Chx. 4,36; 26, D. 236; 30, D. 251; 33, D. 227; 45, C. M. G. 1171; 46, N. M. G. 1175; 51, C. M. G. 1217. — N'Alam. d. Casteln. e n'Iseus (29) 7, H. P.O. 357. — Arn. Dan. (29) 7. Can. VI. — Arn. Donat Joyas, p. 22. — Arn. d. Mar. (30) 6, M. W. 1,171; 11, M. G. 233; 13, M. W. 1,159. — Arn. Plag. (32) 1, P.O. 357. — Arn. P. d'As. (31) 1, M. G. 1082. Aust. d'Orl. (40) 1, C. M. G. 9. — B. Trobel (50) D. Troub. XIV, II. — Bern. Arn. d. Moncuc (55) 1, P. O. 23. — Bern. d. Bov. (66) 2, Chx. 4,205. — B. d. Vent. (70) 5, M. G. 795; 10, M. W. 1,41; 12, M. W. 1,20; 22, M. W. 1,28; 31, M. W. 1,36; 34, M. G. 794. — Bert. Zorgi (74) 1, A. Arch. 34,182; 8, M. G. 574; 10, Chx. 4,232; 16, M. G. 571; 17, A. Arch. 34,181. — Bertr. d'Alam. (76) 15, M. M. G. 1060. — B. de Born (80) 32, 34, 45, Stim. — B. d. Paris (85) 1, R. B. Denkm., p. 65. — Bisch. v. Clerm. (95) 1, H. Arch. 34,414; 3, Chx. 5,125. — Blacass. (96) 6, M. Chx. 4,215. — Bon. Calvo (101) 6, I. M. G. 558; 7, Chx. 4,226; 11, P. O. 208; 16, I. M. G. 617. — Cadenet (106) 10, Chx. 4,418. — Cercalm. (112) 4, P. O. 250. — D. d. Prad. (124) 9a, M. G. 596; 18, P. O. 390. — El. d. Barj. (132) 6, L. R. 420; 13, Da. 618. — El. Cair. (131) 8, A; 10, A. Arch. 51,249. .1, A. Arch. 38,442. — Gauc. Faid. (167) 4, B. Chr. 147; 6, M. G. 30 E.; 11, U. Arch. 35,402; 22, U. Arch. 35,403; 43, A. Arch. 33,451; 46, C. R. M. G. 491. 492; 59, U. Arch 35,398. — Gausb. d. Poicib. (173) 1, M. G. 850. — Graf. v. Poit. (183) 12, Chx. 5,116. — Gui d'Uis. (194) 12, J. M. G. 569. — G. Augier (205) 2. Azais 122. — G. d. Berg. (210) 1, I. (Kell. 3); 8, I. (Kell. 9); 9, T. (Kell. 10); 18, I. (Kell. 17). — G. d. S. Leid. (234) 3, M. W. II, 39; 15, D. Tr. pag. 28. — G. d. l. Tor. (236) 7, Da. L. R. 464. — G. d. Cabest (213) 5, M. W. 1,118. — Guir. lo Ros (240) 8, S. M. G. 575. — G. d. Born. (242) 8, M. M. W. II, 51; 4, C; 16, A. Arch.

51,31; 19, D. 543; 24, L. R. 395; 27, D. M. G. 230; 31, A. M. G. 240; 33, H. Arch. 34,397; 34, A. M. G. 634; 40, A. M. G. 1366; 50, P. M. G. 869; 54, B. Chr.* 103; 58, A. M. G. 1374; 61, R. M. G. 863; 68; 76, H. Arch. 34,400. — Guir. Riq. (248) 7, M. W. 4,15; 27, M. W. 4,58; 48, M. W. 4, 86; 55, M. W. 4,54; 67, M. W. 4,25; 69, M. W. 4,56; 79, M. W. 4,50; B. Chr. 285. — J. Mote (259) 1, Dern. Troub. VII. — Joan Est. (266) 8, Azaïs 110. — Joyas, p. 148—151. — Marcabr. (293) 25, L. B. 55; 35, Meyer, Rec. 74; 39, L. R. 425. — Mönch v. Mont. (305) 1; 3, Ph. 5; 6, Ph. 4; 8, Ph. 8; 14, Ph. 6; 16, Ph. 10. — P. d. Mars. (319) 6, E. M. G. 514. — P. d'Arago, P. Salv., Gr. v. Foix (325) 1, P. O. 290. — P. Brem. 4, C. D. Milá 349; 21, A. D. Arch. 34,169. — P. Card. (335) 1, I. M. G. 6; 3, M. W. 2,213; 5, C. M. G. 214; 8, M. M. G. 327; 12, M. W. 2,239; 50, I. M. G. 1248; 57, M. W. 2,195, 59, T. M. G. 1253; 70, M. W. 2,199. — P. R. d. Tol. (355) 1, L. R. 513; 3, Chx. 5,325. — P. Rog. (356) 4, M. W. 1,123. — P. Vid. (364) 8, Bartsch 25; 21, B. 2; 30, B. 27; 31, B. 24; 35, B. 22; 39, B. 23; 47, B. 12. — P. d. Vil. (365) 1, P. O. 377. — Peirol (366) 18, M. W. 2,20; 16, M. W. 2,36; 20, M. W. 2,11; 22, M. W. 2,28; 34, V. Arch. 36,452. S. Del. 12. — Perdigo (370) 9, U. Arch. 35,436. B. M. G. 346. — R. d'Aur. (389) 28, B. Chr. 69. — R. d. Vaq. (392) 10, M. W. 1,228; 20, D. 303; 28, D. 364; 30, G. Arch. 35,109. — Raim. Gauc. (401) 8, Azaïs, p. 31. — Raim. Mir. (406) 15, A. Arch. 51,150; 40, B. Chr. 151; 20, A. Arch. 51,149. — R. d. l. Solas (409) 4, D. Muss. 440. — R. d. Tors (410) 5, M. M. G. 1059. — Sav. d. Mal. (432) 2, C. E. I. B. Chr. 155. — Serv. (434) 2, Milá 384. — Sord. (437) 17, C. M. G. 1271; 19, F. 9. — Na Tib. (440) 1, H. M. G. 647. — Uc de Pena. C. R. (Copie Bartsch). — Uc d. S. Circ (457) B. Chr. 160; 3, N. M. G. 1146; 4, A. M. G. 1147. — N. M. G. 278. — G.[11] (Arch. 35,110). — I. M. G. 1165b. — R. Z., B. Denkm. p. 69.

-anes, *s. o. pl.* ches Crois. 171. 210. 293,39.

-anos, *adj. o. pl.* ples Crois. 171.

-atis, *adv.* ases Crois. 149.

-êdem, *s. o. sg.* merces 10,45. 167,43. Joyas p. 148—151.

-êdes, *s. o. pl.* merces Jauf. 121b. Crois. 61. Hon. 151,33 etc. Flam. 461. 30,11. 80,34. 132,6 etc.

-ĕdes, *s. o. pl.* pes Crois. 13.

-êdis, *2. sg. prs. i.* cres 242;3,40,58. 356,4.

-êdos, *s. o. pl.* palafres Crois. 171. 210.

-êdus, *s. r. sg.* palafres Crois. 50. 406,15.

-êd-s, *n. p. r. sg.* Merces Flam. 2711. *s. r. sg.* merces Jauf. 162a. Crois. 149. 171. 210. Flam. 3294. 9;3,7. 10,46. 29,7. 30;6,13. 32,1 etc.

-ênis, *adj. r. sg.* les 70,12. *2. sg. prs. i.* ves 30, 6.

-ĕnis, *adj. r. sg.* joves Crois. 210.

-ênos, *s. o. pl.* fres Crois. 202. 101,7. *Adj. o. pl.* ples Crois. 210.

-ĕnos, *s. o. pl.* bes Crois. 149 (ter). 202. 210. D. Prad., Rom. 1527. Brev. 19582. 9,7. 10;26,30,33,45,46. 31,1. 32,1 etc.

-ênsem, *n. p. o. sg.* Agenes Crois. 13. 61. 202. 210. 55,1. 325,1. Aquades Crois. 13. Albiges Crois. 13. 61. 149. 210. Aragones 66,2. 364,30. Armanhagues Crois. 210. Artes 319,6. Aspes Crois. 69. Barsalones 210,1. Bazades Crois. 13. 210. Bederres Crois. 69. 149. Benaugues 432,2. Besaudunes 60,32. Bordales Crois. 13. 61 etc. *S. o. sg.* borzes 335,8. foles 389,28. malgoires Crois. 171. marques Crois. 149. Hon. 134,42; 146,5. Enim. 218,5 10,30. 167,16 etc. mes Crois. 13. 149. 171. 10,30. 70;5,10 etc. nescies 70,24. 74,8. 132,6. pages 66,2. 85,1. 364,39. paes Crois. 149 (bis). 171 (bis). 202. 210 (bis). 80,45. 74,8. 76,15 etc. parentes Crois. 171. 210. poges 335,8. 389,28. tornes Crois. 50. 335,57. *Adj. o. sg.* Aragones 66,2. Cabares Crois. 210. Campanes Crois. 202. cortes Ens. d. guarso; 116,5. 9,3. 30,6. 55,1 etc. Cumenges Crois.61. Engles Crois. 202. 210. 55,1. mortales Crois. 171. 202. Pabies Crois. 171. Saishes Crois. 210.

-ènses, *n. p. r. pl.* Franses Crois. 61. 171. 259,1 etc. Genoes 74,10. Marseilhes 76,15. 335,1. Montfortes Crois. 210. Pampalones Crois. 210. Ties Crois. 202. 210. Vandales Hon. 192,27. *S. r. pl.* borzes Crois. 61. 202. 210. 66,2. clergues Crois. 210. marques 80,45. 133,11. mes Crois. 57. pages Crois. 202. plaides 234,15. *Adj. r. pl.* cortes Crois. 202 (bis). 30,13. 50, D. Tr. p. 105 etc. plaides Crois. 171. *N. p. o. pl.* Agenes Crois. 89. Alanes 80,32. Arabies Crois. 171. Barsalones 80,32. Centonges Crois. 13 etc. *S. o. pl.* borzes Crois. 13. 121. marques 248,48. mes 133,3. 366,13. 389,28. pages Crois. 13. 202. poges 335,57. *Adj. o. pl.* cortes 10,51. 70,22. 101,6 etc. leones Crois. 210. masclez 335,3. mores Crois. 210. mortales Crois. 202. Pabies Crois. 202. Tolzanes Crois. 210. turques Crois. 202. 210.

-ènset, 3. *sg. prs.* c. ades 242,27. 293,39. pes Jauf. 113ª. Crois. 61. 149 (bis). 171. 202. 9,3. 10;6,30,51. 30,13 etc.

-ènsi, *s. r. pl.* defes Crois. 171. mespres 359,1. *P. p.* defes Crois. 202. estes Crois. 202. pres Crois. 61. 171. 210. a- 80,34. 133,11 etc. entre- 133,11. em- Crois. 210. Flam. 4510 etc. mes- 359,1. re- Crois. 210. sobre- 133,3.

-ènsis, *n. p. r. sg.* Aragones 248,79. Danes 80,45. Engles 248,79. 364,35. Flames Crois. 202. Franses 248,79. 364,35 etc. *S. r. sg.* borzes Hon. 127,20. 364,35. chaples Crois. 202. 210. marques Crois. 149. 202. 210. 30,13. 76,15 etc. mes Crois. 202. 242;40,58. nescies 80,45. 305,3 etc. pages Crois. 171. 364,8. parentes Crois. 149. pobles Crois 210. *Adj. r. sg.* Aragones 364,47. cobes 335,3. cortes Crois. 13. 57. 149. 171. 210. 10;28,30. 33,45 etc. des- 194,12. Joyas p. 148—151. Cumenges Crois. 202. 210. Jordanes Crois. 202. Lomanhes Crois. 210. mortales Crois. 210. pales 74,10. plages 364,35. verges B. Z., B. Denkm. p. 69.

-ènso, 1. *sg. prs. i.* pes 10,33. 31,1. 70,22. 74,1 etc.

-ènsos, *s. o. pl.* ces Crois. 171. 242,27. 364,39. defes Crois. 210. 242,58. pes 335,70. *P. p.* estes Crois. 210. pres Crois. 149. 171 (bis). 202 (bis). 210 (ter). 80,45. 96,6 etc. a- 210,9. em- Crois. 171. mes- 242,19. re- Crois. 202 (bis). 248,69. sobre- Crois. 202.

-ènsum, *s. o. sg.* ces Crois. 149. 80,45. 124,18 etc. defes Crois. 13. 29,7. 55,1 etc. pes 293,35. pes Flam. 1557. 2767. 234,15 etc. *P. p.* defes Crois. 13. 70,34. entes Crois. 149. entes für ences Crois. 210. estes 210,8. pres Jauf. 68ª. 68ᵇ etc. Crois. 57. 149. (bis). 171. 210 (bis). Hon. 112,37; 174,53. Nic. 705. Ens d. l. dons; 145,53. 9,7. 10;30,33,46,51. 30;6,13 etc. a- Flam. 4832. 10,26. 74,8 etc. com- 242,50. em- Crois. 149. 202. 210. 242,33. mes- 106,10. 364,39. per- 248;48,79. 293,39. re- 9,3. 30,13. sobre- Crois. 171. 74,1 etc.

-ènsus, *s. r. sg.* ces Crois. 202. defes 305,3. pes 335,5. *P. p.* defes 234,18. deches (deiches) Crois. 171. 202. eces Crois. 149. entes Crois. 210. 248,69. pres Jauf. 69ᵇ. 77ᵇ. 125ᵇ etc. Crois. 50. 149. Flam. 1563. 10,46. 50, D. Tr. XIV,II. 133,8 etc. a- Flam. 4210. 10,30. 30,13 etc. entre- 70,31 etc. em- 40,1. 74,10 etc. mes- Crois. 149 (bis). 70,31 etc. per- 248,69. re- Crois. 202. 101,7 etc. sobre- Crois. 149. 133,11 etc.

-ènus, *s. r. sg.* alenz 242,27. fres Crois. 171. 202. 167;11,59 etc. seres Crois. 171. 31,1. *Adj. r. sg.* ceres Crois. 210. ples Crois. 171. 202. 10,30. 30,11 etc.

Num. r. sg. quinçes 305,16. seizes G. Folq. 178,185.

-ēnus, *s. r. sg.* bes Crois. 149 (bis). 202. 210. Flam. 1033. 3047. 6429. 9,3. 10,51. 30;6,13 etc. ges Jauf. 75^b. 87^a. 168 (H) Crois. 13. 89. 149. Hon. 130,1. Flam. 3061. 9,7. 10;6, 30,45,46. 30;6,11 etc.

-ēros, *v. subst. o. pl.* avers Crois. 171.

-ēs, *s. r. sg.* res Jauf. 78^a. 143^a. 364 (H). Crois. 57. 149 (bis). 171. 202. Hon. 144,65. Flam. 3340. 5636. G. Folq. 277,133. Brev. 20806. 9,2. 10;6,45. 30;6,11(bis) etc. conres335,57. *Adv.* ganres Hon. 151,5; 164,9. *o. pl.* res Crois. 13. 202. Hon. 133,25. K Jes. 295,20; 297,5. R. Vid. II, 224,18. Flam. 4430. Brev. 14901. 10,30,51. 30,3 etc. conres Crois. 57. 149. 242;27,54. *Num.* tres Crois. 13. 57 etc. Flam. 2284. Ens. d. guarso; 117,5. 29,7. 31,1. 50, D. Tr. XIV, 11 etc.

ĕs, 2. *sg. prs. i.* es R. Vid. III; 151,7.

-ēsos, *s. o. pl.* arnes Crois. 13. 171. 210. 80,45. aurfres Crois. 202. 210.

-ēssi, *s. r. pl.* descofes Crois. 57.

-ēssum, *p. p.* asses Crois. 202. 210.

-ēsum, *praep.* pres Crois 13. 50. 57. 89. 149. 74;1,10. 124,9^a.

-ēssus, *s. r. sg.* descofes Crois. 50.

ĕst, 3. *sg. prs. i.* es Jauf. 75^a. 75^b etc. Crois. 13 (bis). 50 (bis). 57 (ter) etc. Hon. 70,1; 130,63; 141,25 etc. Nic. 929; 2062. R. Vid. III, 167,36. Flam. 57. 4188. 5414 etc. Brev. 255. 975. 1387 etc. D. Prad., Rom. 318. Ens. d. guarso; 122,11. 9;3 (bis), 7. 10;6 (ter), 26,30,33,45,46,51. 29,7 etc.

-ēstem, *s. o. sg.* ves 210,8. *Adj. o. sg.* engres Joyas, p. 148–151.

-ēsum, *s. o. sg.* arnes Crois. 57. 202. 40,1. 80;32,34 etc. aurfres Crois. 171. 202. 335,70.

-ēsus, *s. r. sg.* arnes Crois. 50. 202. 10,30 etc.

-ētis, 2. *pl. prs. c.* escoutes Jauf. 105^a. resembles 259,1. tornes Jauf. 114^a. 2. *pl. ft.* anares Nic. 2155. aures K Jes. 285,24. 246,5. ires Brev. 9845. respondretz 10,6. veires Jauf. 140^a. volres Hon. 151,52.

-ĭcem, *s. o. sg.* ves Jauf. 107^a. Flam. 1343. 3127. Enim. 233,34. 183,12. 335,70.

-ĭces, *s. o. pl.* ves Jauf. 100^b. Flam. 7034. 30,11. 50, D. Tr. XIV,2 etc.

ĭdes, *s. r. sg.* fes Jauf. 77^a. 166^a. Crois. 13. 50 etc. G. d. Cabr., Ens. 91,22. Brev. 21390. 9,7. Joyas, p. 22. 31,1. 40,1. 55,1 etc.

-ĭdes, 2. *sg. prs. i.* ves 356,4.

-ĭdus, *n. p. r. sg.* Azamfres Crois. 210. Jaufres Jauf. 130^a. 166^a. 358 (H). Marfres 319,6.

-ĭpsum, *adv.* demanes Brev. 8051. Crois. 171. 202 (bis). Flam. 5498. 74,16. 242,27 etc. manes Crois. 202. 242,24 etc.

-ĭsci, *s. r. pl.* sirventes 392,10.

-ĭscos, *s. o. pl.* sirventes 85,1. 74,8.

-ĭscum, *s. o. sg.* sirventes 55,1. 80;32, 45. 85,1 etc. *Adj. o. sg.* grezes Crois. 202. 133,11.

-ĭscus, *s. r. sg.* sirventes 66,1. 389,28. *Adj. r. sg.* fres 335,5.

-ĭsi, *p. p.* comques Crois. 202. 248,48. 335,8.

-ĭsos, *p. p.* comques Crois. 171. 30;6, 13. 66,2 etc.

-ĭsse, *adv.* espes Crois. 13. 171. 202 (bis). 210. 183,12. 325,1 etc.

-ĭssi, *adj. r. pl.* espes 293,39. *P. p.* mes Hon. 153,17. 167,22 etc. compro- Hon. 51,15. entre- Crois. 202. 80,34. esco- 242,24. re- Arn. Donat; Joyas, p. 22. sos- 219,6.

-ĭssos, *adj. o. pl.* espes 31,1. 248,69. *P. p.* mes Crois. 171. 74,10. co- Crois. 202. 210. Joyas, 148–151. mal- Crois. 202 (bis). pro- 457,4. tra- Crois. 61. Hon. 78,73; 112,48; 207,1. 167,11.

-ĭssum, *s. o. sg.* mes 80,45. pro- Crois. 171. *Adj. o. sg.* espes Jauf. 164^a.

Hon. 139,18. 95,1 etc. *P. p.* mes Jauf. 93b. 129b. 152b. Crois. 50. 57. 171. Hon. 59,29; 135,55. 9,3. 10;6, 30,51. 30,11. 32,1 etc. co- Crois. 149. 240,8. 248,27. 365,1. entre- Crois. 13. 149. Flam. 4840. 50, D. Tr. XIV,2. 167,4 etc. esco- 10,6. mal- Crois. 202. 10,33. pro- Crois. 61. 149. 242;40,50. 335,70 etc. pro- Hon. 24,21; 39,9. tram- Crois. 171. 10,26. 167,46 etc.

-**ïssus**, *adj. r. sg.* espes Crois 210. 364,17. *P. p.* mes Crois. 171. Flam. 3139. 10,6. 55,1. 74;1,10 etc. co- 96,6. 242,24. entre- Crois. 210 (bis). 133,11. 242,27. es- Crois. 171. 202. mal- 10,26. pro- Crois. 13. 50. 55,1 etc. sos- 50, D. Tr. XIV,11. tra- Crois. 50. 89. Brev. 761. 356,4. 364,21.

-**ïsum**, *p. p* comques Crois. 149. 9;3 (bis), 7. 10,33. 70;5,22. 74,1. 82,32 etc. en- Crois. 149. 171.

-**ïsus**, *p. p.* comques Jauf. 115b. Crois. 50. 202. 210. 10,46. 55,1. 70,31 etc.

Perfecta.

1. *sg.* promés 74,8. prés 173,1. 210,18. aprés 133,14. conqués Hon. 24,21.

2. *sg.* saubés G. d. Cabr., Ens. 91,22.

3. *sg.* defés Crois. 149. — més Jauf. 75b. 352 (H). Crois. 149. 210. Hon. 133,25; 151,5; 153,7 etc. Nic. 369; 1017; 1395; 2109. K Jes 300,4. D. Prad., Rom. 1527. 9,7. 10,45. 30,13. 74,1 etc. co- 364,21. Joyas 148—151. entre- Jauf. 130a. Flam. 1769. per- Arn. Don., Joyas 22. pro- Brev. 11791. 14479 etc. Arn. Don., Joyas 22. 30,11. 133,11 etc. re- Joyas, 146—151. tra- Jauf. 105a. 113a. 118a etc. Crois. 57. Hon. 130,63; 139,8; 144,65; 185,40. Nic. 571. Flam. 461. Brev. 9845. 10,33. 80,32 etc. — prés Jauf. 128b. 162a. 161a. Crois. 1202. Hon. 13,16. 127,20; 153,7 etc. Nic. 169; 367; 1395. K Jes. 300,4. Flam. 1557. G. Folq. 277,153. Brev. 761. 3770. 10211 etc. 70,5. 76,15. 205,2 etc. a- 74,8. em- Crois. 171. 364,21. es- 364,30. mes- 74,16. 305,5. 406,40. 457,4. per- Nic. 929. re- 74,8. — qués Jauf. 188 (H). Hon. 164,9. 10,26. con- Hon. 192,27. 76,15. 85,1. 240,8. 248,69. en- Crois. 202. 210. 80,34. re- Hon. 120,79; 146,5; 174,25. — fés Jauf. 68b. 75a. 75b. 77a etc. Hon. 52,7; 59,29; 70,1 etc. Nic. 367; 571; 705 etc. Flam. 334. 1343 etc. Brev. 2702. 2746. 8579. 8585 10,6. 66,2. 183,12 etc.

Conjunct. Imperfecti.

agués 1. *sg.* Jauf. 68b. 93b. 166a. Flam. 7151. Ens. d. guarso 116,5. 10,51. 29,7. 70;10,31,34. 106,10 etc. — 3. *sg.* Jauf. 64b. 78a. 119b. Hon. 112,48. 134,42. Enim. 216,9; 233,34. K Jes. 285,24; 295,20. Flam. 1416. 4510 etc. Brev. 1299 1309 etc. 10;45,46. 30;6,13. 55,1 etc. — begués 3. *sg.* 335,1. — calgés 3. *sg.* Hon. 13,16. — conogés 1. *sg.* Flam. 2711. 4188. 7602. 9,3. 70,31. — 3. *sg.* Flam. 2422. 4902. Ens. d. l. dons; 145,53. Brev. 255. 8051. 70,22. 74;10,16 etc. — cregués 3. *sg.* Crois. 171. 210. 406,15. — destrengués 3. *sg.* Jauf. 92a. — degués 1. *sg.* Jauf. 119b. 167,4. — 3. *sg.* Jauf. 143a. Crois. 149. Flam. 2767. Brev. 19012. 74,1. 173,1 etc. — dolgés 3. *sg.* Flam. 5116. — jagués 1. *sg.* 392,38. — legués 3. *sg.* 242,19. — mogués 3. *sg.* Jauf. 87a. Flam. 737. 2771 etc. 432,2. — pagués 3. *sg.* 335,57. — perceubés 1. *sg.* 167,59. — 3. *sg* Flam. 5656. — upercebés 3. *sg.* 305,1. — plagués 1. *sg.* Crois. 210. 133,3. — 3. *sg.* Jauf. 92a. 140a. 364 (H). Crois. 61. 171. 202. Hon 51,15; 75,31. K Jes. 277,37. Flam. 1633. 5414 etc. 10,33. 30;11,13. 31,1. 32,1. 70;10,22,34. 74,1 etc. des- Flam. 3533. Ens. d. guarso; 115,17. 242,76. 305,1 etc. — plangés 3. *sg.* 10,30. — pogés 1. *sg.* Flam. 4634. 7151. 9,3. 70;5,12. 101,6. etc. — 3. *sg.* Jauf. 67a. 115b. 166a etc. Crois. 57. 159. Hon. 75,31; 112,37; 135,55. Nic. 1017. 2155. Flam. 1416. 1730. 2166 etc. Brev. 975. 1309. 2460 etc. 10;30,33,46. 30,11. 40,1. 70;5,22,34 (bis) etc. — receupés 1. *sg.* Jauf. 125b. R. Z, B. D. p. 69. — saubés 1. *sg.* Brev. 19012. 70,12. 74,8. 167;4,11 etc. — 3. *sg.* Brev. 3122.

Flam. 1769. 4634 etc. 10,51. 32,1. 70,34. 101,11 etc. — tengués 1. sg. Crois. 202. 74,8. 167,4. 392,20. — 3. sg. Jauf. 167ª. Crois. 149. Flam. 2422. 4458. 6664. Ens. d. l. donz. 140,21. 173,1. 248,69 etc. cap- Enim. 239,10. man- 330,4. re- Crois. 171. 132,6. 242,58. — traichés 3. sg. Crois. 57. Jauf. 67ª (tragués). — tolgués 3. sg. Jauf. 64ᵇ. Crois. 149. 124,18. 167,43 etc. — valgués 3. sg. Crois. 61. Flam. 2284. 3340. 124,9ª. 167;22,43 etc. — vengués 1. sg. 106,10. 167,11. 355,3. — 3. sg. Jauf. 48ᵇ. 166ª. Crois. 50. 89 etc. Hon. 82,35. R. Vid. III;167,36. Flam. 2947. 6664 etc. Brev. 2296. 17922. 50, D. Tr. p. 105. 80,45. 132,13 (bis) etc. a- Flam. 5092. D. Prad., Rom. 918. 70,5. 124,18 etc. co- Ens. d. guarso, 117,5. de- 406,20. esdevengues Hon. 161,65. re- Flam. 2166. so- (1. sg.) 213,5. 167,6. — volgés 1. sg. Ens. d. guarso; 115,17. 70,12. 133,3 etc. — 3. sg. Jauf. 48ᵇ. Crois. 61. 202. Hon. 151,52; 187,44. Enim. 218,5. K Jes. 297,5. Flam. 1633. 4654 etc. Ens. d. guarso; 122,11. Brev. 2296. 2692 etc. 31,1. 32,1. 66,2. 74,1 etc.

auciés 1. sg. Jauf. 76ª. 70,10. — 3. sg. Jauf. 125ª. Crois. 57. 74,16 etc. — dissés 1. sg. Jauf. 125ª. 348 (H). 10,51 66,2 etc. — 3. sg. Hon. 120,79. R. Vid. II,224,18. Flam. 737. 1563. Brev. 1299. 16722. 70,5 etc. contra- Crois. 171. — adusés 3. sg. 173,1. — escriussés 3. sg. Flam. 7064. — esteissés 3. sg. Flam. 2771. — afrainsés 3. sg. 173,1. — remazés 3. sg. 40,1. — mesés 1. sg. 173,1. — 3. sg. Crois. 13. Flam. 7557. D. Prad., Rom. 1773. 95,3. 167,22 etc. entre- (1. sg.) Flam. 5105. 194,12 (3. sg.) 242,19. 406,15. re- Brev. 15394. tra- (1. sg.) Flam. 57. 457,33. (3. sg.) Flam. 11. 3139. — plaissés 3. sg. Flam. 4902 5116. — presés 1. sg Flam. 1033. 3294. 194,12. 437,17. — 3. sg. Crois. 149. Hon. 147,43. Flam. 280. Brev. 2293. 2692 etc. 242,16,58. 432,2. a- Brev. 14795. 95,1. es- 364,30. — quesés 1. sg. Jauf. 144ª. 3. sg. Hon. 39,9. con- 1. sg. 30,13. 242;40,24 (3. sg.). — resposés 3. sg. Flam. 2947. 4458 (für respondés einzusetzen). — solsés 1. sg. 213,5. — somosés 3. sg. Flam. 7197. — taissés 1. sg. 406,15. 3. sg. 173,1. — taissés 3. sg. Hon. 130,1. R. Vid., III; 151,7. 248, B. Chr. 285. — tanhés 3. sg. 305,4. — tenssés 3. sg. Brev. 12279. — traichés 3. sg. Crois. 57. Flam. 3047. 5636. D. Prad., Rom. 1773. 30,11. 242,4 (traissés). 248,69 etc. re- (1. sg.) 242,50. destreissés 1. sg. 392,20. 3. sg. Jauf. 144ª. Ens. d. l. donz. 140,21. es- 1. sg. Flam. 280.

fezés 1. sg. Jauf. 166ª. 174 (H). 74,8. 173,1. 194,12 etc. — fés Crois. 171. — fezés 3. sg. Jauf. 87ª (bis). 107ª. 124ᵇ. Hon. 153,17; 207,1. Enim. 216,9. 239,10. Flam. 5092. Brev. 14143. 19582. 21554. 40,1. 70;10,22. 74;10,16. 85,1 etc. for- Jauf. 77ᵇ. — fés 3. sg. 85,1. — fuissés 3. sg. Crois. 57. — vezés 1. sg. 95,1. 440,1. 3. sg. Nic. 791.

cazés 3. sg. 30,11. — puregés 3. sg. 173,1. 242,4. — a- Brev. 1165. — corregués 3. sg. Flam. 1730. — nasqués 1. sg. Crois. 202. 3. sg. Crois. 149. Jauf. 69ᵇ. 31,1. 330,21. — visqués 3. sg. Joyas, p. 148—151. 434,2.

Anmerkungen.

Die Worte *ades*, *confes*, *engres*, *es*, *pes*, *pres*, *ves* mit offnem *e* (vgl. die Reihmreihen auf *ès*) sind von den andern oben genannten zu trennen, wenn sie sich auch in einigen sehr späten Denkmalen: Croisade, Joyas; bei Daude de Pradas, Raimon Vidal und dem Ital. Bertolomeo Zorgi fehlerhafter Weise mit *é* gebunden finden. Auch G. d. Berg. 8 gebraucht einmal *ves* = *vestem* mit *é* und ebenso *estendes* 3. *sg. imp. c.* Bei Bertol. Zorgi stehen fälschlich folgende *imp. conj.* im Reime mit *és* 1. *sg. agrades* (1), *restaures* (8). 3. *sg. acordes* (1), *albergues* (16), *deignes* (1), *remembrés* (16), *restaures* (1), *soprandes* (16). *Ases* und *ples* (= *adsatis* u. *planus*), beide in der Croisade vorkommend, sind unprovenzalisch.

Eine Anzahl der zusammengestellten Reimwörter findet sich im Donat (pag. 49 II f.) unter *es estreit.*

agués und *ranguvès* stehen Boethius 178/9 in derselben Tirade; hier würde also noch nicht einmal Assonanz erzielt sein. Böhmer (Rom. Stud. III, 137) sucht die Schwierigkeit zu heben, indem er *aguis* und *ranguris* einführt, beide Formen sind sonst aber provenzalisch nicht belegt. *ranguris* soll Praesens von *rangurezir* sein, doch könnte dies nur *rangurezis* lauten.

Das Wort *verges*, welches sich B. Denkmäler, p. 69 findet, ist dort Adjectivum, nicht Substantiv wie Bartsch (Zeitschr. II, 131) meint, und es liegt in diesem Falle der Ton keineswegs auf einem sonst unbetonten Vocal. *Donc mayre vergés* (jungfräuliche Mutter) hat man zu lesen, nicht *Donc mayr'e vérges* wie Bartsch schreibt.

ès.

Ross. — Jauf. — Hon. — Enim. — Nic. — K Jes. — R. Vid; I, II. — N. Pap. — Flam. — D. Prad., Rom. — S. Freud. — G. Folq. — Sen. — Ens. d. l. donz. — Ens. d. guarso. — A. G. d. Mars., Ens. — Brev. — Aim. d. Peg. (10) 41, D. 225; 44, D. (Galv. 230); 45, D. 239; 46, N. M. G. 1175; 49, Arch. 34,164. — Arn. Don.; Joyas, p. 23. — Arn. d. Mar. (30) 21, Chx. 3,221; 25, L. R. 348. — Bern. Marti (63) 2, E. C. M. G. 754. 755. — Bern. d. Vent. (70) 20, M. G. 793. — B d. Born (80) 33, Stim. — El. Cair. (133) 14, A. D. Arch. 33,441. — Folq. d. Mars. (155) 17, A. — Gauc. Faid. (167) 43, A. Arch. 33,451. — G. d. Cabest. (213) 3, M. W. 1,111. — Guir. d. Born. (242) 1, A; 4, C; 5, A. Arch. 51,15; 16, A. Arch. 51,21; 19, D^a. 543; 42, A. Arch. 33,316. — G. d'Espanha (244) 13, P. O. 369. — Guir. Riq. (248) 52, M. W. 4,40. — Guir. d. Sal. (249) 4, B. Chr[a]. 205. — Joan Est. (266) 8, Azaïs 110. — Lamb. d. Bonan. (281) 7, A. Arch. 33,451. — Lanfr. Cig. (282) 17, Chx. 4,436. — Marcabr. (293) 27, A. Arch. 33,338. — Mönch. v. Mont. (305) 11, Ph. 14[b]; 14, Ph. 6. — Paul. d. Mars. (319) 6, E. M. G. 514. — P. d'Alv. (323) 12, C. M. G. 231. — P. Card. (335) 10, C. M. G. 760; 50, J. M. G. 1248. — P. Rog. (389) 34, Appel 8[a]. — R. d. Vaq. (392) 16. — Rodrigo (424) 1, M. M. G. 322. — R. Z; B. Denkm., pag. 67.

-ǎost, 3. *sg. prs. i.* desples Ross. 4725.

-ĕdes, *s. o. pl.* pes Jauf. 171[a]. 177 (H). Hon. 70,13; 144,45, 158,15; 166,25. Flam. 787. 7485. 8065. Brev. 10951. 11088. 10;44,49. 70,20. 80,33. 133,14. 167,43 etc.

-*ĕdus, *s. r. sg.* ses 63,2.

-ĕrsum, *praep.* envers 63,2. 293,27.

ĕs, 2. *sg. prs. i.* es Ens. d. guarso 123,32.

-ĕsso, 1. *sg. prs. i.* cofes 266,8. 282,17.

-ĕssos, *s. o. pl.* cofes Brev. 3444. Arn. Don.

-ĕssum, *pr.* apres Jauf. 59[a]. 169[b]. 170[b]. Nic. 2360. Flam. 4492. Ens. d. l. donz. 141,71. A. G. d. Mars., Ens. 133,57. Brev. 10759. 15842. 19442. 21953. 167,43. 242;5,16,19. 244,13. 293,27 (bis). R. Z., B. Denkm. p. 67. pres. Ross. 4725. Jauf. 58[b]. 363 (H). 365 (H). Hon. 49,15; 145,33. Enim. 256,29. Flam. 1441. 10;41, 45,46,49. 30;21,25. 70,20. 133,14. 155,17 etc. *S. o. sg.* cofes 10,49. 63,2. 293,27. proces. R. Z; B. Denkm. 67. *Adj. o. sg.* espres Hon. 81,29; 125,17.

-ĕssus, *s. r. sg.* cofes 10,46. 133,14. 167,43 etc.

-ĕstem, *adj. o. sg.* engres Ross. 4725. Jauf. 131[a]. Enim. 222,3; 231,25. 10,46. 155,17. 293,27. 323,12.

-ĕstes, *adj. r. pl.* engres 63,2. 70,20. *o. pl.* engres 213,3. 249,4.

-ĕstis, *adj. r. sg.* engres 10,49. 242;16, 19,42. 282,17. 2. *pl. prs. i.* dises

Jauf. 132ᵃ. es 133,14. perdes 424,1. podes 424,1. prendes 424,1. queres Jauf. 142ᵃ. voles 424,1.

-**ĕtium**, *s. o. sg.* pres Jauf. 193 (H). 335,10. 424,1.

-**ĕx**, *praefix* des- 366,8.

Conjunctivus Imperfecti.

1\. *sg.* agradès 242,5. — alegrès 10,41. 242,5. 281,7. — amès 10,49. 244,13. 323,12. 335,50. 392,16. 424,1. — anès Jauf. 142ᵃ. 392,16 etc.

3\. *sg.* adorès Brev. 10759. — afranquès 10,41. 244,42. — agradès 242,1. ajostès Flam. 1583. — ajudès 80,33. 242,5 etc.

1\. *sg.* crezès 242,4 — defendès 461,123 etc.

3\. *sg.* atendès Flam. 2939. 7979. Jauf. 193 (H). 242,1. — batès Flam. 1015. com- Brev. 9583. Jauf. 64ᵇ. 10,44.

1\. *sg.* visquès 242,4. 389,34.

3\. *sg.* nasquès Brev. 11763/4. 10,40. 30,21. 70,20. 133,14. 167,43. 293,27. 323,12. 335,50. — venquès Brev. 9583. — visquès Brev. 19560.

ausisès Jauf. 164ᵃ.

Anmerkungen.

Dass *ad ipsum* die Grundlage für *ades* nicht bilden kann, wurde schon mehrfach gesagt; das Wort hat unzweifelhaft *ė* wie die Bindungen — Jauf. 114ᵇ. R. Vid. II, 220,36. Flam. 3758. 3938 etc. Brev. 10055. 10,41, 46,49. 30,21. 63,2. 70,20. 133,14. 167,43 etc. und der Donat 49,41 — es fordern; auch *Aynes* (Hon. 167,61), *Moyzes* (Gui Folq. 275,87) und *Ulixes* (Flam. 1583) werden mit offnem *e* gebraucht.

dès. Azaïs fasst dieses *des* als die Contraction von *de les* indem er die betreffende Stelle übersetzt: »*je me repens De Mes torts.*« Man darf jedoch nicht lesen, wie er es thut: »*Qu'anc no saup tener* | *Ver*, | *Pus nasquet, em pes* | *Des* | *Tort, com'es dever.* | *Per* | *Sert ieu lim cofes*« sondern es ist zu ändern: *Qu'anc no saup tener* | *Ver*, | *Pus nasquet, em pes* (aufrecht); *Des-* | *Tort, com'es dever*, | *Per Sert ieu lim cofes. destort* ist Particip (= **de-ex-tortus*), *pes* hat mit *pesar*, womit es Azaïs zusammen bringt, nichts zu thun, es gehört zum lat. *pes*: *tener em pes* = aufrecht erhalten.

Romania VIII, 160 schreibt Paul Meyer: »*Ainsi l'auteur de la seconde partie du poème de la croisade contre les Albigeois* (*où ne se rencontre aucune tirade en ès*) *fait entrer* »*nasques*« *dans une tirade en és aux vers* 3543 *et* 8040; *mais c'est la seule erreur de ce genre que j'aie relevée dans ces cinq tirades en és qui renferment un total de près de* 400 *vers.*« Dagegen ist einmal zu sagen, dass Tirade 149 sich *plaides* und *pergues* und Tirade 171 *pergues* finden, beiden kommt *ė* zu, da *plaidar* bzw. *perdre* (*pergues* wegen *perc* = **perdeo*) zu Grunde liegen; ferner aber auch, dass *nasques* nicht immer offnes *e* aufweist, man vergleiche die Beispiele mit geschlossenem *e* in den Reimreihen auf *és*.

sès (= **sĕdus*). Das lateinisch *sĕdes* kann für *sès* nicht Grundlage sein. Italienisch liegt ebenfalls offnes *e* vor (*sèdano*, *sèdia* etc.), vgl. auch franz. *siège*. Weitere Belege für offne Aussprache hat Wichmann pag. 24.

ėssa.

Hon. — F. Zeich. — P. d. Vilam., Joyas 214—216.

-**ĕotia**, *s. o. sg.* endressa P. d. Vilam.

-**ĭctia**, *s. o. sg.* destressa P. d. Vilam.

-**ĕtia**, *s. o sg.* pessa P. d. Vilam.

-**issa**, *s. r. sg.* mestressa P. d. Vilam. princessa P. d. Vilam.

-**issam**, *s. o. sg.* messa Hon. 164,3.

-itia, *s. r. sg.* noblessa P. d. Vilam.
-itiam, *o. pl.* gentilessa P. d. Vilam. tristessa P. d. Vilam.

Conjunctivus Imperfecti.

1. *sg.* diasessa F. Zeich. 156,3. volguessa F. Zeich. 156,3.

3. *sg.* aguessa. P. d. Vilam. sabessa. P. d. Vilam. volguessa Hon. 164,3.

èsses.

Nic. — G. Folq.

2. *sg. imp. c.* apoderesses Nic. 2047. — desesperesses G. Folq. 277,147. — desliuresses Nic. 293. — doptesses G. Folq. 277,147. — gitesses Nic. 293. — venquesses Nic. 2047.

èsson.

Jauf. — Enim. — Flam. — Ens. d. guarso.

Imperfectum Conjunctivi.

3. *pl.* fesso Ens. d. guarso 119,17. — moguesson Flam. 7297. saupesson Flam. 2516. tenguesson Flam. 7297. cap- Enim. 251,24. — aucisesson Jauf. 112b. dicesson Enim. 251,24. entramezeson Flam. 2516. presesson Jauf. 112b. — percacesso Ens. d. guarso 119,17.

àsson.

Enim. — Flam.

Imperfectum Conjunctivi.

3. *pl.* acaptesson Enim. 252,16. acordesson Flam. 553. anesson Flam. 3734. deportesson Flam. 6425. entramesson Flam. 6435. laissesson Flam. 573. lauzesson Flam. 553. trobesson Flam. 573. — crezesson Flam. 3734. redesson Enim. 252,16.

èst.

Jauf. — Nic. — G. Folq — Sen. — Brev. — Agn. — Folco (151) 1, H. Arch. 50,264.

ès, 2. *sg. prs.* iest Sen. 211,14. (est) 151,1.

-èstem, *s. o. sg.* revest 151,1.
-èstit, 3. *sg. prs. i.* vest 151,1. re- 151,1.

Est. *n. p. o. sg.*

Perfecta.

2. *sg.* amièst Nic. 1385. asorèst Agn. 285. cofondièst Nic. 1833. creuèst Agn. 285. discendièst Brev. 14235. effantièst G. Folq. 279,231. enganièst Nic. 1833. espolièst Brev. 14235. Jauf. 73a. esquumpièst Brev. 2373. intrèst Jauf. 73a. levèst Jauf. 73a.

percassièst Sen. 211,14. perdèst 151,1. perdièst Brev. 2373/4. portièst G. Folq. 279,231. volopièst Nic. 1365.

Anmerkungen.

vest hat *è*, es reimt bei B. d. Born 3 mit *enquèst* (p. p.), *rest* (3. s. prs. c. von *restar*), *forèst*, *conquèst*, [*Sueest*]; bei B. Chr. 172,28 *vèsta* mit *fèsta*, *quèsta* (**quaesita*), *entesta* (3. sg. prs. i.), *rèsta* (3. sg. prs. i.), *tempèsta*, *honèsta*, *gèsta*. Vgl. auch Wichmann p. 28.

èt.

Ross. — Jauf. — St. Est. — Hon. — Enim. — Nic. — K Jes. — R. Vid., I, II, III. — Flam. — D. Prad., Rom. — Planch s. pl. — S Freud. — G. Folq. — Diät. — Fab. — A. G. d. Mars, Ens. — G. d. Cabr., Ens. — Brev. — Agn. — Lo Bort del rei d'Arago 3. Dern. Tr. X, IIa. — D. d. Prad. (124) 3, A. Arch. 33,461. — Folq. Rom. (156) 2, L. Arch. 34,426. — Gav. (174) 6, P. O. 45. — Guir. Riq. (248) 1, M. W. 4,12 — Marcabr. (293) 26, L. B. 56. — M. v. Mont. (305) 10. — P. d'Alv. (323) 11, B. Chr. 80.

-aeti, *adj. r. pl.* let (leth) 156,2. 248,1.
-aetum, *adj. o. sg.* let 156,2.
-èco, 1. *sg. prs. i.* prec. K Jes. 297,17.
-ecto, 1. *sg. prs. i.* get 124,3.
-eddit, 3. *sg. prs. i.* reth 248,1.
-ëphum, *n. p. o. sg.* Josep K Jes. 277, 13,23. 281,22. 283,37. 290,7. 297,33.

-ĕptem, *num.* set Flam. 423. 785. 6741. 7700. D. Tr. X, II[a]. 124,3. 248,1. 305,10.

-ĕrte, *adv.* apert Nic. 751.

-ĕrtum, *adj. o. sg.* cert Planch. s. pl.

ĕs, 2. *sg. prs. i.* est K Jes. 304,11.

-ĕtet, 3. *sg. prs. c.* devet Ross. 650.

-ētum, *s. o. sg.* decret Brev. 17245. secreth Brev. 22636. 248,1. *Adj. o. sg.* secret Weissag. Such. D. I, 466. quet 124,3.

-ĕtum, *s. o. sg.* vet (veth) 124,3. 248,1. devet R. Vid. II; 222,4. 293,26.

-ictum, *p. p.* destret 156,2.

Helizabet *n. p. o. sg.* Brev. 12575. 20548. 21170 etc. Nazaret *n. p. o. sg.* Hon. 2,11. G. Folq. 276,14. Brev. 11543 12033. 21226 etc. Nohe *n. p. o. sg.* Nic. 2349. Olivet *n. p. o. sg.* Brev. 16177. Set *n. p. o. sg.* Nic. 1855.

Perfecta.

3. *sg.* abrasèt Jauf. 167[a]. — acabèt Jauf. 173[a]. Enim. 1030. — adobèt Flam. 1649. — agenollèt Flam. 2476. 5846 etc.

attendèt Flam. 3187. 5040. 156,2 — corrompèt Brev. 8515. 12095. 14161. — cresèt Flam. 3093. 5300. 5470 etc.

irasquèt Ross. 2973. 8596. — elesquèt Enim. 219,21. — nasquèt Hon. 120,15. G. Folq. 278,183. Agn. 593. 156,2. — venquèt Jauf. 366 (H). — visquèt Hon. 114,65. 133,35. 175,25. Enim. 236,35. Brev. 16160.

Anmerkungen.

Der lateinischen Grundlage nach würden folgende Worte auszuscheiden sein: *decret*, *destret* (*destrictum*), *Josep* (*Josêphum*), *quet* (*quiêtum*) und *secret* (*secrêtum*); auch bringt der Donat *Destretz* .i. *destrictus* und *quetz* .i. *parum loquens* 51,14 und 50,23 unter *etz estreit*. Dagegen scheint *secreth* und *quet*, in manchen Fällen wenigstens, auch mit *è* gebraucht worden zu sein (vgl. Wichmann, p. 37 und Canello, Arn. Dan., pag. 280); ebenso findet sich *Josep* in Bindung mit *è* (Wichmann, pag. 35).

gèt lässt sich nur durch ein für *jacto* angesetzes *jĕcto* erklären, das von den übrigen romanischen Sprachen ebenfalls gefordert wird: altfrz. *giet*, ital. *gètto*.

étz.

Jauf. — Hon. — Nic. — K Jes. — R. Vid., I, II, III. — Sen. — Brev. — Gar. d'Apch. (162) 2, D. 479. Chx. 4,249. — G. d. Born. (242) 18, A. — Guir. Riq. (248) 46, M. W. 4,35. — J. Mote (259) 1, D. Tr. VII. p. 55. — M. v. Mont. (305) 10.

-ēd(—)s, *s. r. sg.* merces 248,46.

-ĕnos, *s. o. pl.* bes 248,46. 259, D. Tr. p. 55.

-ĕnus, *s. r. sg.* bes Desc. Such. D. I, 317. *Part.* ges 248,46.

-ēnsem, *s. o. sg.* pages Jauf. 153[b].

-ēnsi, *n. p. r. pl.* franses 259, D. Tr. VII, 55. *P. p.* pres 248,46. *S. r. pl.* mespres 259, D. Tr. VII. 55.

-ēnsis, *adj. r. sg.* cortes 259, D. Tr. VII, 55.

-ēnsum, *p. p.* pres Jauf. 124[a].

-ēnsus, *p. p.* repres 248,46.

ēst, 3. *sg. prs. i.* est K Jes 298,32. 248,46. 259, D. Tr. p. 55. Liebesbr. Such. D. I, 313.

-ētis, 2. *pl. prs. c.* parles Jauf. 100[a]. Flam 6359. resembles 259. D. Tr. p. 55. 2. *pl. ft.* agaretz R. Vid. III; 181,5. atrobares Jauf. 107[a]. auzires Nic. 1353. K Jes. 281,36. trobaretz Brev. 22215.

-ĕstis, 2. *pl. prs. i.* deves Nic. 215.

-ĭcem, *s. o. sg.* vetz Flam. 3529. 4476. 242,18.

-ĭces, *s. r. pl.* vetz. 305,10. *o. pl.* vetz Hon. 181,63. Flam. 5868. 6862. Sen. 203,25. 259, D. Tr. VII, p. 55.

-ĭcet, 3. *sg. prs. i.* letz 242,18.

-ĭc(—)s, *s. r. sg.* mercadeiretz 305,10.

-ûdus, *s. p. r. sg.* Jaufres Jauf. 135^a. 157^b. 159^b.

-ûdos, *s. r. sg.* tes Jauf. 131^b. 160^a. 248,46.

-ĭgĭdos, *s. o. pl.* fretz 242,18.

-ĭpse, *adv.* demanes R. Vid. I, 406.

-ĭsĭum, *s. o. sg.* sirventes 259, D. Tr. VII, 55.

-ĭsum, *p. p.* conques 248,46.

-ĭsset, 3. *s. imp. c.* pleges (für plagues) K Jes. 277,37.

-ĭssum, *p. p* soemes 248,46.

-ĭssus, *p. p.* promes 248,46.

-ĭtis, *s. r. sg.* setz Brev. 16006.

-ĭttos, *s. o. pl.* senetz 242,18.

-ĭttus, *s. r. sg.* toselz 242,18. *Adj. r. sg.* soletz 242,18.

Perfecta.

1. *sg.* fés Jauf. 116^a.

3. *sg.* fés Hon. 181,63. K Jes. 281,36. R. Vid. II; 218,28. III; 181,6 Flam. 5848. 6677. Sen. 203,25. Brev. 16006. 22215. 305,10 (fétz).

2. *pl.* agués Flam. 6677. — mogués Jauf. 107^a. — tengués 162,2. — tolgués 162,2. — vengués Jauf. 116^a. 153^b. 157^b. 160^a. 248,46.
disés R. Vid. II; 218,28. Flam. 4476. 162,2. — prezés Nic. 1353. — traissés Hon 43,23. 248,46. — tramesés Jauf. 159^b.
fezés Jauf. 135^a. Hon. 43,23. Nic. 215. R. Vid. I, 406. 162,2. Desc. Such. D I, 317.
nasqués 248,46.

Conjunct. Imperfecti.

2. *pl.* fossés 259, D. Tr. VII, 55. — visés Jauf. 124^a. — aucissés Flam. 6846. — dissesés Liebesbr. Such. D. I, 313 — remansesés Jauf. 100^b. — volsés Flam. 4992. — accés Flam. 5818. — pogsés Flam. 3520. — venesés 259, D. Tr. VII, 55. — volguessés K Jes. 277,37. — volesés Flam. 5888.
anassés Flam. 6359. — donassés Flam. 6562. — menassés Jauf. 131^b. — mostrassés K Jes. 298,32. Flam. 4992. — consentissés 242,18. — partissés Flam. 6846.

Anmerkungen.

Uetz .i. uicis, Solets .i. solus, Tosetz .i. puerus werden vom Donat pag. 50;32,35,36 unter *etz estreit* aufgeführt; für *Folquetz* (305,10) darf wohl auch geschlossene Aussprache des *e* angenommen werden, es würde dann *ĭttus* zur Grundlage der Reimsilbe haben.

crietz, welches sich bei Bartsch, Chr. 262,40 findet und vom Herausgeber als 3. sg. perf. von *criar* (= *creare*) aufgefasst wird, ist 2. pl. prs. indic. von *creer*, *crezer*; das *i* verdankt dem Differenzierungstrieb sein Entstehen: *crietz* für *creetz*.

deves 2. pl. prs. i.; *fezets* 2. pl. prt. (Nic. 215) ist ein falscher Reim.

ètz.

Ross. — Nic. — Flam. — Brev. — Arn. Dan. (29). 13, Can. IX.

-ăcet, 3. *sg. prs. i.* desples Ross. 2725.

-aetos, *adj. o. pl.* letz 29,13.

-ĕdisset, 3. *sg. imp. c.* jutges Ross. 2725. mandes Ross. 2725. razones Ross. 2725. trobes Ross. 2725.

-ĕstis, *adj. r. sg.* engres Ross. 2725. 2. *pl. prs. i.* dizes Nic. 1077. ets Brev. 23558. 29,13. rendes Nic. 1093. 2. *pl. imp.* adornes Flam. 2979.

-ĕtio, 1. *sg. prs. i.* pretz 29,13.

-ĕtium, *s. o. sg.* pretz 29,13.

-ētos, *adj. o. pl.* quetz 29,13.

Perfecta.

2. *pl.* adorès Nic. 749. amenès Nic. 1077. clavellès Nic. 2731. creès Ross. 2725. dètz 29,13. doplès Flam. 3531. effantètz Brev. 23558. enclauzès Nic. 1093. layssès Nic. 749. parlès Flam. 3531. pendès Nic. 2731. reveillès Flam. 2979. semenès Nic. 741. sufertès Nic. 741.

eup.

Brev. 21478.

Perfecta.

3. *sg.* coceup. receup.

i.

Ross. — Jauf. — Hon. — Enim. — Nic. — K Jes. — R. Vid. I, II, III. — Flam. — G. Folq. — Ens. d. l'esc. — Ens. d. l. donz. — A. G. d. Mars., Ens. — Brev. — Ad. d. Rocaf. (5) 2, C. (Cop. Bartsch). — Aim. d. Bel. (9) 20, C. (Cop. Bartsch). — Aim. d. Peg. (10) 7, A. Arch. 34,162; 24, D 232; 45, C. M. G. 1171; 49, A. M. G. 1215. — Bern. d. Bond. (59) 1, M. (Cop. Bartsch). — Bern. d. Prad. (65) 1, B. D. 142. — El. d. Barj. (132) 12, E. M. G. 989. — Folq. d. Mars. (155) 3, A; 17, A. — Gav. (174) 4, P. O. 43; 6, P. O. 45. — Graf v. Poit. (183) 2, B. Chr.[3] 25; 12, M. W. 1,5. — Gui d' Uis. (194) 15, D[a]. — G. d. Berg. (210) 5, J. (Kell. 6). — Guir, d. Cal. (243) 1, N. M. G. 284. — Guir. d'Esp. (244) 7, B. D. 4. — Jauf. Rud. (262) 3, (Stim. p. 54). — Joan. Est. (266) 6, Azaïs, p. 75; 7, Azaïs, p. 92; 8, Azaïs, p. 110; 9, Azaïs, p. 101. — Marcabr. (293) 17, B. Chr. 53. — M. v. Mont. (305) 16, Ph. 10. — Paul. d. Mars. (319) 3, C (Cop. Bartsch). — P. Vid. (364) 2, Bartsch 7; 50, Bartsch 40. — Perdigo (370) 14, U. Arch. 35,436. V. Arch. 36,446. — R. d. Vaq. (392) 8, M. W. 1,384. — Raim. Jord. (404) 2, A. Arch. 33,465. — Raim. Mir. (406) 14, C. R. M. G. 1098/9. — Ralmenz (416) 2, F. 140. — Ric. Nov. (430) 20. G. d. Cavaillo (192) 1, H. Arch. 34,410. — Serveri (434) 2, Milá 384; 14, Milá 378. — Uc d. Matapl. (454) 1; Raim. d. Mir. (406) 30. A. Arch. 34,195. — Alba. B. Chr. 101. — W 201[a]. (Cop. Bartsch).

-ïdem, *s. o. sg.* merci Nic. 649. 244,7.

-ï, *pron.* li Jauf. 169[a]. Flam. 2482. Brev. 21232. mi. Nic. 910. Brev. 20816. 9,20. 10;7,24 (bis), 45,49. 59,1. 132,12 etc. ni 10,45. 266,8. qui 266,6. 319,3 etc. si 266,6. si Hon. 124,49. Nic. 1849. K Jes 295,32. G. Folq. 279,219. Ens. d. l. donz. 143,19. Flam. 2525. 4082. 4316. Brev. 22381. 10,45. 132,12. 174,6 etc.

-ïbi, *part.* hi 5,2. 262,3.

-ïc, *part.* aissi Ross. B. Chr. 38,8. Jauf. 105[b]. 116[a]. 124[b] etc. Enim. 225,4. Nic. 1045. R. Vid.; I, 405. III; 146,27. Flam. 2852. 4612 etc. 59,1. 155,3. 174,6 etc. en- Nic. 203. Ens. d. l. donz. 146,68. 10;7,24. 243,1 etc. aqui Jauf. 51[b]. 63[b]. 83[b] etc. Hon. 77,63. R. Vid. I, 404. 405. III; 149,7. Flam. 1991. 2500. 7283. 293,17 etc. atressi Jauf. 52[b]. 135[a]. 154[a] etc. Hon. 106,22. 123,35. Enim. 245,32. G. Folq. 276,137. Flam. 67. 985. 6642. Brev. 9541. 12127. 12135 etc. 10;7,24,49 (bis). 155,3. 183,2. etc. cosi Flam. 5804. 10,24. 59,1 etc. si Jauf. 148[a]. A. G. d. Mars., Ens. 134,56.

-ïcat, 3. *sg. prs. c.* pessi 262,3.

-ïcit, 3. *sg. prs. i.* di Brev. 11677. 59,1. 183,2. 262,3 etc.

-ïco, 1. *sg. prs. i.* di 451,1. 406,30.

-ïcum, *s. o. sg.* ami 244,7.

-ïdem, *n. p. o. sg.* Davi Brev. 12043. 364,2.

-ïdem, *s. o. sg.* fi 404,2.

-ïdeo 1. *sg. prs. i.* vi 406,14.

-idet, 3. *sg. prs. i.* ri 5,2. 10;21,45. 183,2 etc.

-ïdit, 3. *sg. prs. i.* ausi Flam. 7411. 10;7,24,45,49. 59,1. 132,12 etc. fi 406,30. 454,1.

-iem, *s. o. sg.* di 330,20. 192,1.

-ïet, 3. *sg. prs. c.* cambi 10;24,49.

-ïget, 3. *sg. prs. c.* chasti 454,1; 406,30.

-ïget, 3. *sg. prs. c.* desli 155,3. 293,17.

-ïnem, *s. o. sg.* cri. 393,17. fi R. Vid. III; 192,16. G. Folq. 280,251. Brev. 6849. 12623. 155;3,17 etc.

-ïno, 1. *sg. prs. i.* acli. 174,7. 319,3.

-ini. *n. p. r. pl.* Angevi Ross. B. Chr. 38. 296,6. *S. r. pl.* mesqui Hon. 19,39. vezi Brev. 21.934. 192,1. 330,20 etc.

-inum. *n. p. o. sg.* Costanti Hon. 208,25 Flam. 645. 7981 Dalfi R. Vid. III 167,40 Lemozi 183,12 Justi Flam. 3380. Marti 106,14. 320,20; 192,1. Pipa Flam. 687. *S. o. sg.* albrespi 174,6 161,113. bassi Flam. 2225. 3579. 174,4. bosci 5,2 cami Hon. 160,23. Brev 19556 10,7,49 155,17 etc. conssi Flam. 5908 183,2. 293,17. cosi 330,20. 192,1 dechi 293,17. 106,14 desti 174,6. 106,14. devi Ross. B Chr. 38. Flam 1842. 5,2 jardi Flam. 2340 296,7 293,17 lati Flam 1496 marbri Ross. B Chr. 38. masti. Ross B Chr. 38 mati Ross. B Chr 38. R. Vid II 228 Flam. 218 7781 50,1. 174,6 etc. moli 293,17 392,8 330,20 pergami Nic. 55 pelegri 262,3 330,20 etc. pi Ross B. Chr 38 296,7 polpri Ross B. Chr. 38. rossi 174,6 293,17 etc. vezi 183,2. 293,17 vi 293,17 392,8 *Adj. r. o. sg.* aseni 293,17. cabri 293,17. cli 9,20. 10,45 330,20. 192,1 fi Flam. 7010. Ens. d Tesc 106,38 Ens d Lodenz 110,15. 9,20 10,7,24,15 etc. fresni Ross B Chr. 38. lati 174,6. 183,12 etc. mesqui 5,2. 10,24 296,6. tapi 183,12 293,17. 364,2.

-ini. *adj r. pl.* acli Ross. B. Chr 38.

-io. 1. *sg prs. i.* aizi 106,14 casuci 364,2 desvi 10,49. 174,6 364,2

-inum. *adj. o sg* gri Ross B Chr 38. *P. p.* asi 370,14

-iti. *adj. r. pl.* tatti 364,2.

-itum. *s. o. sg* cdit 241,7 frai 293,8 106,14.

-ium. *s. o. sg* aizi 392,8 *Adj. r. sg* aceiri Ross B. Chr. 38 palaizi 10,7

-ium. *n. p. o. sg* Antoni 305,16

Perfecta

i. 1. *sg* 408,14 diss 451,1 406,50

3 *sg.* Ross B. Chr 38

-vi. 1. *sg.* Jauf. 116a. 141a. Brev. 11677. 5,2. 10,7,21,15. 152,12. 155,17 etc.

3. *sg.* Jauf. 48a. 57a. 99 etc. Hon. 77,63. Enim. 244,35. 245,32. Nic. 55; 883; 1225 etc. K.Jes. 295,32. R. Vid. III. 146,27. 149,7 etc. G. Folq. 276,119. Flam 1842. 1896. 2525 etc. Ens d Tesc. 106,38. Brev. 12117. 16222. 19556 etc. 10,49. 65,1. 226,3 etc.

1 *sg.* abeli 392,8. — auzi Flam. 2852. Jauf. 124 140. 194,15. — chausi 10,49. — dormi Flam. 8380 etc.

3 *sg.* abelli 10,7. 364,50. 461,152. — aorri Brev. 12623. — auzi Jauf. 4a. 52. 105 127a. 145a. 169 (H). 357 (H) Flam. 3806 4092. 4338. 4496. Brev 8031. 194,15. 406. 14 etc.

augui (1 *sg* 364,2. — mentaugui (1. *sg.*) 183,12. — jaqui (3 *sg.*) Jauf. 171a. — resquai (1 *sg.*) 183,12.

ic.

Nic. — R. Vid.; II. III. — N. Pap. Gaur. d Calv.. Ens. — Brev. — Aim. d Bel (9) 8, D. 191. — Arn d Mar (30) 7. M G. 212. — Castell. (109) 1. P. O 245. — Gav. (174) 9. R. 1.402. — G. d. Berg. (210) 7. J.Kel. 8. — G. d. S. Leid. (234) 11. M W. 2. 48. — Gaur. Riq (248) 31. M W. 4.77. — Marcabr (293) 26. L R. 56, 32. Arch. 51,291. — P. Card. (335) 28. C. R M. G 1226-7. 31 M.W. 2. 180. — P. Vid (364) 13, Bartsch 4. — Perdigo (370) 10. V Arch 36,447 — R. d Var. (389) 36. A Chr. 67. — R d Vaq. (392) 18. G. Arch. 32,401 — Raim. Mir (406) 44. V. Arch 36. 392. — Huc del Val. Joyas p. 29.

-iccet. 3. *sg prs. c.* tic 335,28.

-iccum. *s. o. sg* afic 254,11 293,32 pic 335,28

-icet. 3 *sg. prs. c.* desraic 389,36. prezic 174,8. tric 30,7 335,31 364,13. 389,36.

-ici. *adj r. pl* pic 30,7.

-iciat. 3 *sg. prs. c.* gic 335,31.

-ício, 1. *sg. prs. i.* gic 335,28. 370,10 etc.

-ico, 1. *sg. prs. i.* abric 406,44. dic Nic. 1907. R. Vid. II;221,17. Brev. 20422. 9,8. 30,7. 109,1 etc. es- 335,31. mes- 406,44.

-icos, *s. o. pl.* enemic 174,9.

-icum, *n. p. o. sg.* Aymeric 248,31. 364,13. Amalric 248,31. Amic G. d. Cabr., Ens. 90,17. Enric 364,13. Frederic 335,31. Lodoic 364,13. 392,18. Vic 364,13. *S. o. sg.* abric 30,7. 293;26,32. 355,28 etc. amic N. Pap. 261,39. Brev. 363. 9,8. 30,7 (bis). 248,31 etc. destric 30,7. 109,1. 406,44. enemic Brev. 1557. 210,7 (bis). 288,11 etc. espic 210,7. 364,13. mendic 210,7. 335;28,31 etc. prezic 109,1. 210,7 etc. tric 293,32. 389,36. vic 310,7. *Adj. o. sg.* pic 210,7. 406,44. ric 234,11. 248,31 etc. tric 109,1. 364,13. 392,18.

-îdîum, *s. o. sg.* fastic 335,31.

-îgo, 1. *sg. prs. i.* chastic 370,10. 406,44.

-îgum *s. o. sg.* chastic 389,36.

-îqui, *adj. r. pl.* antic 174, 9.

-îquum, *adj. o. sg.* antic 210,7. 248,31 etc. enic 109,1. 335,31 etc.

Perfecta.

cric 1. *sg.* 389,36. — lic 3. *sg.* 406,7. — vic 1. *sg.* Nic. 1097. Brev. 363. 1557. 109,1. 234,11. 293,32. 335,31 3. *sg.* R. Vid. III; 153,5. Brev. 20422. 293,32. 364,13.

1. *sg.* auzic 234,11. — 335,31. 364,13. — faidic 392,18. — faillic 389,30. — jauzic 293,32 etc.

3. *sg.* abellic 234,11. 335,31. 364,4. — aramic 335,31. — coaic 210,7. — enriquic 364,13 etc.

im.

Nic. — Arn. Dan. (29) 6, Can. II. — Arn. d. Mar., B. Chr. 96. — G. Rain. d'At (231) 3, D• 502. — Marcabr. (293) 13, A. Arch. 33,340. — R. d'Aur. (389) 3, A.

-êmitus, *s. o. sg.* refrim 293,13.

-êmum, *n. p. o. sg.* Razim 231,3. *S. o. sg.* razim 293,13.

-îmen, *s. o. sg.* crim 293,13. noirim 29,6. 231,3. 293,13.

-îmet, 3. *sg. prs. c.* relim 293,13. rim 29,6.

-ïmet, 3. *sg. prs. c.* lagrim 29,6.

-îmi, *s. r. pl.* vim 231,3.

-îmo, 1. *sg. prs. i.* lim 231,3. rim 389,3 (bis).

-îmum, *s. o. sg.* cim 231,3. 389,3. rim 231,3. *Adj. o. sg.* prim 231,3. 389,3 (bis). *neutr.* B. Chr. 96. 393,12 (bis).

-îrmo, 1. *sg. prs. i.* escrim 231,3.

blastim *s.* 293,13. caym *n. p. o. sg.* 29,6. 231,3. 293,13. gaim *s. r. pl.* 293,13 (Etymon?).

Perfecta.

1. *pl.* auzim Nic. 1749. 29,6. 231,3. 293,13. enjoglarim 231,3. estrementim Nic. 1749. gauzím 29,6. partím 29.6 — fim 29,6. vím B. Chr. 96. 231,3. 389,3 (bis).

inc.

Guill. d. Berg. (210) 13, C. Kell. 13.

-incum, *s. o. sg.* guazardinc.

-inque, *num.* sinc.

Perfecta.

vinc; re-, so-. tinc; man-, re- (bis), sos-.

ira.

Flam. — Cad. (160) 20, A. Arch. 341,171. — Cercalm. (112) 3, B. Chr. 47. — D. d. Prad. (124) 7, A. Arch. 33,463. — Guill. Raim. (229) 1, E (Cop. Bartsch). — G. d. Born. (242) 16, A. Arch. 51,21; 39, A. M. W. I, 192; 48, A. Arch. 33,324. — R. d'Aur. (389) 25, E. V. — R. d. Vaq. (292) 9, M. M. G. 971. — Raim. Mir. (406) 35, B. C. M. G. 1112.

-îderat, 3. sg. prs. i. cossira Flam. 3147. 106,20. 112,3. 124,7 etc. dezira 112,3. 124,7 etc.

-îram, s. o. sg. ira 106,20. 112,3. 132,12 etc.

-îrat, 3. sg. prs. i. azira 106,20. 242,16 etc. mira 106,20. 112,3 etc. spira 112,3. es- 406,35. sos- 124,7. 132,12 etc. tira 112,3. 124,7 etc. vira 112,3. 124,7 etc.

-ĭtrat, 3. sg. prs? i. albira 229,1. 242;39.48. 406,35.

Conditionale 1.

3. sg. vira Flam. 2324.

1. sg. eschauzira 392,9. — cobrira 106,20. des- 106,20. — acuilira 124,7 etc.

3. sg. abellira 242,48. 392,9. — chauzira 229,1. — acullira Flam. 2324. — ademplira 112,47 etc. enquesira 112,47.

iron.

Nic. — Flam. — SFreud. — Brev. —

-ır(a)at, 3. pl. prs. i. renuiron Flam. 723. viron Flam. 308.

Perfecta.

3. pl. viron (vezer) Nic. 1537. Flam. 7281. SFreud. 85,19. Brev. 20804. 21829. acculhiron Flam. 7281. auziron Nic. 217. Flam. 2675. Brev. 23761. espandiro Brev. 25451. failliron Flam. 723. fremiro Brev. 20804 etc.

is.

Ross. — Jauf. — Hon. — Enim. — Nic. — R. Vid; I, II, III. — Flam. — G. Folq. — F. Zeich. — Sen. — P. Card., u. c. — Ens. d. l'esc. — Ens. d. l. donz. — A. G. d. Mars., Ens. — Brev. — Alba. B. Chr. 10. — Aim. e Sord. P[4], Arch. 50,263. — Aim. d. Bel. (9) 20, C. Cop. Bartsch. — Aim. d. Peg. (10) 45, C. M. G. 1171. — Arn. d. Mar. (30) 7, M. G. 212. — Auz. Fig. (43) 1, Aim. d. Peg. (10) 9. H. — Bern d' Aur. (57) 1, Azaïs, p. 52. — Bern. d. Vent. (70) 11, Appel P. R. 92;37, B. Chr. 60. — B. d. Born (80) 8, Stim. — Folq. d. Mars. (155) 23, A. — Form. d. Perp. (157) 1, F. 179. — G. d. Berg. (210) 14, C. Kell. 14. — G. d. Cabest (211) 5, B. Chr. 75. — G. d. l. Tor (236) 12, D. 514. — Guir. d. Born. (242) 28, A. Arch. 33,330; 54, B. Chr. 104. — M. v. Mont. (305) 12, B. Chr. 12. — P. d'Alv. (323) 23, B. Chr. 78. — P. Card. (335) 63, M. W. 2,198. — P. Rog. (356) 4, Appel 7; 9, Appel 5.

-ênsem, s. o. sg. pais Ross. B. Chr. 45. 70;11,37. 242,28.

-éscit, 3. sg. prs. i. acuillis 242,54. abellis 210,14. 213,5. 236,12. afortis 70,37. aisis 236,12. chauzis 210,14. dormis 323,23. enantis 242,54. enfoletis 70,11. escarnis 256,9. falhis Ens. d. l. donz. 144,61. fenis 70,11. fremis Brev. 16166. grazis 236,12. jauzis 236,12. languis Flam. 2438. 236,12. mentis 305,12. noyris 210,14. obezis 305,12. plevis 242,54. reverdezis 70,11. servis 9,20. 323,23. sofris R. Vid. III; 185,21. 356,9. vestis 335,63.

-ésco, 1. sg. prs. i. defenis Nic. 1527. falhis 305,12. grazis 305,12. languis 155,23. obezis 155,23. 323,23 servis 305,12.

-îcem, s. o. sg. amayris 70,11. perdiz Flam. 3121.

-îcit, 3. s. prs. i. dis. Nic. 1517.

-icus, n. p. r. sg. Enris 80,8. Frederis 80,8.

-îcus, s. r. sg. amis Ross. B. Chr. 45. Nic. 1373. A. G. d. Mars., Ens. 134,15. 70,11 etc.

-îc(—)s, s. r. sg. razitz 155,23.

-înes, s. o. pl. crins Enim. 235,5. 8,2; 437,3.

-înos, n. p. o. pl. sarrazis. 242,26. 305,12. S. o. pl. anecssis 80,8. barbaris 80,8. esterlis 80,8. 305,12. jardis 80,8. matis Ens. d. l. donz. 141,55. 242,54. vezis Brev. 21977. 212,54. 305,12. Adj. o. pl. fis R. Vid. III; 161,3.

-inum, *adj. o. sg.* meschis 80,8.

inus, *n. p. r. sg.* Augustis. Brev. 8503. 10632. Justis Flam. 3272 etc. Lemozis 80,8. *S. r. sg.* devis 9,20. 80,8. 210,14. entramaris 242,28. matis 323,23. pellegris Brev. 26333. 9,20. vezis 356,4. vis 242,54. *Adj. r. sg.* clis Flam. 3956. 80,8. a- R. Vid. III, 250. 9,20. 57,1. 70,37 etc. fis R. Vid. III; 147,15. Ens. d. l'esc. 108,15. 10,45. 30,7 (bis). 57,1. 70,27 etc. meschis 80,8. 6,2; 437,3.

-ipse *adv.* metis A. G. d. Mars. 132,75; 137,17.

iquus, *adj. r. sg.* antis Ross. B. Chr. 45.

-isce, *imperat.* 2. *sg.* complis Hon. 120,15.

-isi, *s. r. pl.* ris 70,11.

-isii, *n. p. r. sg.* Paris R. Víd. II, 221,3. 305,12. 80,8.

-isios, *n. p. o. sg.* Paris Ross. B. Chr.[4] 45. Hon. 106,39. A. G. d. Mars., Ens. 134,65. 242,28.

-isos, *p. p.* assis 242,54.

-isum, *s. o. sg.* gis Ross. B. Chr. 45. paradis Hon. 2,2; 10,15 etc. Nic. 1859 etc. G. Folq. 274,55. Sen. 215,9. A. G. d. Mars., Ens. 139,20. Brev. 3158. 8083 etc. 9,20. 57,1. 70;11,37 etc. ris Ross. B. Chr. 45. 80.8. 213,5. 236,12 etc. vis Hon. 114,67. 42,1; 10,9 etc. *Adj. o. sg.* gris Ross. B. Chr. 45. lis 9,20. 213,5. pervis Ross. B. Chr. 45. *P. p.* assis 70,37. 256,9. aucis 242,11. devis R. Vid. I, 399. A. G. d. Mars. Ens. 135,7. 155,23. 256;4,9. vis 305,12.

-isus, *s. r. sg.* paradis Brev. 14967. vis 70,37. 155,23 etc. *P. p.* assis 30,7. 155,23. 242,28.

-issos, *p. p.* quis Hon 120,65.

-issum, *p. p.* mis 210,14. conquis Hon. 125,34.

-issus, *p. p.* mis Nic. 833. esmis Ross. B. Chr. 45. apris Ross. B. Chr. 45. quis 155,23. con- Hon. 133,50. 10,45. 57,1. 70,37 etc.

-ivus, *adj. r. sg.* vis Ross. B. Chr. 45.

-itus, envis Ross. B. Chr. 45. *N. p. o. sg.* Leris Hon. 92,41; 144,71.

Perfecta.

1. *sg.* dis 242,28. 356,9. — escrys Nic. 59. — entremis A. G. d. Mars., Ens. 134,45. tra- 323,23. — prís Flam. 272. — quis Hon. 144,71. Nic. 833. 9,20. 242,28.

2. *sg.* venguís 305,12. — quezís B. Chr. 45. — fezís 305,12.

2. *pl.* vís Nic. 2767. B. Chr. 270. Ens. d. l'esc. 108,15. A. G. d. Mars., Ens. 137,17. Brev. 16288.

3. *sg.* aucís Sen. 215,9. Brev. 10632. 57,1. 236,12. — assís B. Chr. 45. 57,1. — dís Jauf. 121[b]. 182 (H). Hon. 78,29; 92,41; 120,15, 65; 125,34. Nic. 1378. 1359. 2057. R. Vid. II, 221,3. III, 250; 147,15; 161,3. Flam. 3121. F Zeich. 160,110. Brev. 16166. 16230. 23600. 30,7. 70,27. 155,23. 355,63. mal- 335. § 32,2. — escris Nic. 1517. F Zeich. 160,116. — prís B. Chr. 45. A. G. d. Mars., Ens. 132,75. — quís G. Folq. 274,55. con- Hon. 2,2; 10,15; 76,59; 106,39; 198,7. 70,11. en- Flam. 4736. — rís R. Vid. II, 225,11. Flam. 2180. 4488. 7050. 242,28. 335. § 32,3. som- Flam. 272. — sís Flam. 2306. 2593. a- Hon. 114,67. R. Vid. I, 399. — fis Jauf. 174 (H).

1. *sg.* feris A. G. d. Mars., Ens. 139,20. — partís 70,37. de- Nic. 59.

3. *sg.* afortís Jauf. 182 (H). — partís B. Chr. 45. — fenis Hon. 78,29. — gauzis Brev. 28046. — gurpís B. Chr. 45. — departys B. Chr. 381. trays Brev. 28046.

2. *pl.* recullis Nic. 2767. — vestis Brev. 16288.

Conjunct. Imperfecti.

1. *sg.* vis 157,1. 210,14. 213,5. 323,23.

3. *sg.* conoguis B. Chr. 45. — sufris 10,45. 155,23. — tenguis 30,7. — auzis 9,20. — vesquis B. Chr. 45. — vis Jauf. 51[a]. 171[b]. 188 (H). Enim. 235,5. Nic. 1527. R. Vid. III; 185,21. Flam. 1401. 2140 etc. Ens. d. l. donz. 141,556. 141,81. M. G. 132. 8,2; 437,3 (bis). 42,1; 10,9 (bis). 57,1. 236,12. 256,4.

[illegible] 242,34. — [illegible]

[illegible] ahis 305,12. — [illegible] 174 (H). Flam. 477. [illegible] etc.

issem.

Flam.

Conjunct. Imperfecti.

[illegible] fugissa Flam. 7545. — gandissa Flam. 7535.

isson.

Flam.

Conjunct. Imperfecti.

3. *pl.* auzisson Flam. 6876. — garnisson Flam. 6876. — grasisson Flam. 6636. — partisson Flam. 6636.

ist.

Jauf. — Hon. — Nic. — Flam. — G. Folq. — F Zeich. — Brev. — G. d. Born. (242) 49, A. — P. Card. (335) 60, M. W. II, 237. — R. d'Aur. (389) 10. — M. v. Mont. (305) 12, B. Chr. 131.

-aesitum, *s. o. sg.* vist Hon. 120,12. *P. p.* quist Jauf. 61ᵃ. 242,49. 389,10. con- Jauf. 65ᵃ. 389,10. vist 242,49. 389,10.

-icem, *s. r. sg.* trobairis Flam. 4580.

-iste, *pron. dem.* cist 242,49.

-istem, *adj. o. sg.* trist 242,49. 335,69. 389,10.

-istum, *n. p. o. sg.* Crist Jauf. 123ᵃ. 176 (H). Hon. 143,23. Nic. 1383. Gui Folq. 275,109. Brev. 14149. 14205. 26167. 242,49. 335,69. 389,10. Ante- 335,69.

Perfecta.

2. *sg.* fezist F Zeich. 161,154. — aguist Jauf. 65ᵃ. G. Folq. 262,335. 389,10. — deceupist Nic. 1823. — recoubist Brev. 26167. — tolguist Nic. 1823. F Zeich. 161,154. — venguist Brev. 14205 Jauf. 61ᵃ. 64ᵃ. — volguist Hon. 120,12; 126,30. 242,49. — mesist Hon. 126,30. Nic. 1383. tra- Brev. 14149. — preist Jauf. 64ᵃ. 242,49. — remasist G. Folq. 275,109. 282,335. — rempsist 335,69. — trayeist Hon. 143,23. — vist Jauf. 123ᵃ. 176 (H). Flam. 4580.

305,2. finden sich die zweiten Pers. Sg. des Perfects *fezis* und *venquis* (Brev. 23630 *feris : dis.*) der Abfall des *t* ist durch die folgenden Reimworte sicher gestellt.

-ēscit, 3. *sg. prs. i.* mentis. obezis.

-ēsco, 1. *sg. prs. i.* falhis. grazis. servis.

-icus, *s. r. sg.* amis.

-īnos, *n. p. o. pl.* Sarrazis. *S. o. pl.* esterlis. vezis.

-inus, *adj. r. sg.* aclis.

-isii, *n. p. r. sg.* Paris.

-isset, 3. *sg. imp. s.* ahis. colhis.

-isum, *s. o. sg.* paradis. ris. *P. p.* vis.

it.

Enim. — A. G. d. Mars., Ens. — B. d. Ven. (70) 27, M. W. I, 45. — Cav. (111) 1, C. Cop. Bartsch. — P. Vid. (364) 7, Bartsch 43. — Peirol (366). 29, M. W. II, 6. — Raimb. (388) 4, Cop. Such.

-idem, *n. p. o. sg.* David. 366,29.

-ītet, 3. *sg. prs. c.* crit 364,7.

-iti, *n. p. r. pl.* Arabit 366,29. *P. p.* complit 364,7.

-ito, 1. *sg. prs. i.* covit 364,7. envit 111,1.

-itum, *n. p. voc.* Faidit 388,4.

-itum, *s. o. sg.* ardit 70,27. chauzit 70,27. 388,4. convit 388,4. crit 70,27. marit 388,4. oblit 111,1. 366,29. *Adj. o. sg.* aizit 70,27. deschauzit 111,1. complit 111,1. 388,4. partit 388,4. *P. p.* alegrezit 364,7. apedit 70,27. aunit 388,4. auzit 364,7. 388,4. chauzit 70,27. enriquit 364,7. escarit 70,27. establit 388,4. faillit 70,27. 364,7. 388,4. garit 70,27. grazit 364,7. isscrnit Arn. G. d. Mars., Ens. 132,25. partit 364,7. 366,29. requit 70,27.

maizit 70,27. servit 366,29. trait 70,27. 388,4.

-itam, *s. o sg.* esperit Enim. 263,30.

-itus, *s. r. sg.* deschauzit 111,1. *P. p.* chauzit 111,1 364,7.

Perfecta.

3. *sg.* abelit 364,45. 366,29. 388,4. — aculhit 366,29. — asalhit 366,29. — bastic Enim. 263,30. — falhit 111,1. — ferit 111,1. — meschauzit 111,1. — noirit 364,45.

vit A. G. d. Mars., Ens. 132,25. 70,27. 366,29.

Anmerkungen.

Nach der Lesart von Bartsch und Meyer müsste *vestit* (Boeth. 190) als Perfectum angesehen werden. Es erscheint jedoch unzulässig, das Wort in der Verbindung in welcher es hier steht als solches aufzufassen: *vestit* ist vielmehr Participium Praeteriti. Man hat zu lesen: *Bel sun li drap que la domn'a vestit* und nicht *que la domna vestit*. Eine weitergehende Änderung ist nicht nöthig, man braucht nicht *vestitz* einzusetzen, denn im Boethius wird *tz* des öfteren durch *t* vertreten, vgl. 17 *mort* für *morts*, 95 *vist* für *vistz*, 141 *tot* für *totz*. Dass der Sprachgebrauch uns die vorgeschlagne Lesart aufzwingt sei hier an einer Reihe von Beispielen dargethan. *E mandet de ses homes en avant de cent milie Il lur at cumandet k'aient bruignes vesties. Voyage de Charlemagne* 634. *Blanc vestiment si l'a vestit B. Chr. fr.*[4] 11,10. *Bernart fort deu esser grazit Lo bel cors de domna ioios, Car lonc son amic a rescos Se met, que ren non a vestit Si quel ten* .... *Arman D.* 207. *Tals ha uestit drap de samit e pot ben gran auer mandar P. Card.* 42. *J. M. G.* 941.

ítz (íz).

Castelloza (109) 3, P. O. 248. — Gauc. Faid. (167) 45, A. Arch. 51,279. — Guir. d. Born. (242) 6, L. R. 388; 24, L. R. 393; 55, A. M. W. 1,201; 59, B. Chr. 106. — P. Guill. B. Chr. 270. — Uc de la Bac. (449) 1, D. 500.

-ioom *n. p. o. sg.* Feliz 449,1. *S. o. sg.* razitz 242,24.

-ioes, *s. o. pl.* amairitz 109,3. berbitz 242,55.

-ício, 1. *sg. prs. i.* escondis 449,1.

-ícios, *s. o. pl.* plaissaditz 167,45.

-icit, 3. *sg. prs. i.* ditz 167,45. 242;6,24.

-ic(—)s, *s. r. sg.* camisiritz 109,3. razitz 242,6.

-iptos, *s. o. pl.* escritz 242,6.

-isset, 3. *sg. imp. c.* abelis B. Chr. 270.

-istis, *adj. r. sg.* tristz 167,45.

-ítos, *n p. o. pl.* Arabitz 242,6. *S. o. pl.* critz 109,3. 242,55. noiritz 242,24. ublitz 242,6. *P. p.* aculhitz 242,55. aizitz 242,6. arditz 242,55. chauzitz 109,3. envilanitz. frunitz 242,24. garnitz 242,55. issernitz 242,55. partitz 449,1. vestitz 242,55.

-ítus, *s. r. sg.* critz 242;6,24. guitz 167,45. 242;6,24,55. maritz 109,3. oblitz 242,50. *Adj. r. sg.* aizitz 167,45. arditz 242,6. chauzitz 242,55. *P. p.* afortitz 242,6. aizitz 167,45. aunitz 242;6,24,55,59. auzitz 242,24. bailitz 242,6 etc.

Perfecta.

2. *pl.* vitz 167,45 (bis), 242;6,24,55,59. (vis) B. Chr. 270,34. — abelitz 109,3. 167,45. — auzitz 242;6,55. — chauziz 449,1. — feritz 167,45. — partitz 109,3. — plevitz 109,3. 242,59. — sazitz 167,45.

6.

Hon. — Enim. — Nic. — KJes. — R. Vid. 1, III. — Flam. — F. Lun., Rom. — G. Folq. — Ens. d. l'esc. — Ens. d. guarso. — Brev. — Agn. — Alb. d. Sest. (16) 15, L. R. 505. — Bern. d'Aur. (57) 2, Anals 44. —

Bern. d. Rov. (66) 1, Chx. 4,305. — B. d. Born (80) 45, Stim. — Bertr. Carb. (82) 9, R. Cop. Bartsch; 15, Chx. 5,100. — Caden. (106) 4, K. M. G. 389. — D. d. Prad. (124) 9b, A. Arch. 33,462; 13, A. Arch. 33,462. — El. d. Barj. (132) 8, R. M. G. 1072. — Faure (149) 1, R. Cop. Bartsch. — Folq. d. Mars. (155) 7, A; 23, A. — Folq. Rom., Comj. G. d. Poicib. (173) 9, C. Cop. Bartsch; 15, C. Cop. Bartsch. — Gav. (174) 4, P. O. 43. — Na Gorm. d. Monp. (177) 1, Chx. 4,319. — G. d. Cabest. (213) 4, Hüffer 7. — Guir. lo Ros (240) 5, Chx. 3,12. — G. d. Born. (242) 80. A. — Guir. Riq. (248) 12, M. W. 4,61; 13, M. W. 4,21; 38, M. W. 4,253. — Marcabr. (293) 31, A. Arch. 33,335; 35, C. M. G. 720. — Paul. d. Mars. (319) 5, C. Cop. Bartsch; 6, Levy 8. — P. d'Alv. (323) 16, M. W. 1,100; 24, V. M. G. 1023. — P. Card. (335) 9, C. M. G. 758; 28, C. M. G. 1236; 8 32,3. — P. R. d. Tol. (355) 13, M. W. 1,143. — P. Vid. (364) 2, Bartsch 7; 34, Bartsch 10. — R. d'Aur. (389) 7, A. Arch. 33,434. — R. d. Casteln. (369) 1, C. Cop. Bartsch. — Sav. d. Malleo (432) 2, C. E. J. B. Chr. 155. — Serv. (434) 14, Milá 378. — Sord. (437) 7, Chx. 3,443. — Uc d. S. Circ (457) 4, A. M. G. 1147; 18, D. 280; 35, A. Arch. 34,175. — G. (461) 13. Arch. 35,109.

-ốc, *part.* o Agn. 489. 82,9. 106,4.

-ốdum, *s. o. sg.* pro Brev. 11755. 16,5. 82;9,15 (bis). 124;9b, 13. 132,8 etc.

-ôn, *part.* no Enim. 259,25. Brev. 12831. 16,15. 57,2. 82,9. 106,4 etc.

-ônem, *n. p. o. sg.* Arago R. Vid. I, 400. Avinho 177,1. 364,2. Berguonho 149,1. Borbo Flam. 1982. 5934. Breto 364,2. Cato 82,9. 242,80. Farao Brev. 6813. 323,16. Guaynelo 335,9. 396,1. Guio 335,28. Lodaro 364,2. Malleo 432,2. Raino 149,1. Salomo 174,4. 293,35. 364,2. Ugo 432,2. *S. o. sg.* acuzacio 248,12. bailo 335,9. bando 16,15. F. Lun., Rom. 292—327. 177,1 etc. baro R. Vid. I, 398. 66,1. 149,1. bastizo F. Lun., Rom. 292—327. boffatizo 293,35. brico F. Lun., Rom. 292—327. cambo, carbo, chanso etc.

-ôneo, 1. *sg. prs. i.* somo 457,4.

-ônet, 3. *sg. prs. c.* abando 124,9b. do 66,1. 242,80 etc. perdo 132,8. 155,23 etc. razo 389,7. 457,4. sermo 389,7.

-ônet, 3. *sg. prs. c.* so 242,80. somo (3. *sg. prs. i.*) 155;7,23. 173;9,15 etc.

-ônit, 3. *sg. prs. i.* despo 242,80. 335,9 etc.

-ôni, *s. r. pl.* auzello 293,31. baro 213,4. 364,2. boisson 293,35. capairo 323,24. 335,28. gloto 355,9. 364,2. lairo 437,7. pairo Brev. 11467. 12037.

-ôno, 1. *sg. prs. i.* abando 155,23. 173,15. do Flam. 2808. 173,9. 174,4 etc. ocayzo 396,1. 457,35.

-ôni, *adj. r. pl.* bo 319,5, 457,35.

-ônum, *n. p. o. sg.* Samso 364,2. *S. o. sg.* do Brev. 21558. 106,4. 132,8. 173,15 etc. gazardo 16,15. 124,13. 173,9 etc. perdo Flam. 2765. 3125. 82,15. 106,4 etc.

-ônum, *s. o. sg.* resso 173,9. 364,2. 434,14. so Enim. 260,37. 124,13. 132,8. 155,7 etc. tro 82,15. 323,16. 389,7. *Adj. neutr. u. c. o. sg.* bo Nic. 962. Brev. 18656. 21484. 57,2. 82;9,15. 106,4. 124,13 etc.

-ŭi, 1. *sg. prs. i.* soi 82,9. 106,4.

-ŭm, *part.* co 16,15. 82,9 etc. 1. *sg. prs. i.* so 124,9b. 132,8. 174,4 etc.

-ŭnt, 3. *pl. prs. i.* so 80,45. 82,9. F. Lun., Rom. 292—327 etc.

-ŭum, *s. o. sg.* so 173,15. *N. p. o. sg.* Chalon Hon. 184,77. Sischanto R. Vid. I, 398.

Perfectum.

3. *sg.* fós.

óc.

G. d. Cabr., Ens. — Brev.

S. o. sg. boc G. d. Cabr., Ens. 94,2.

Perfectum.

3. *sg.* conóc: G. d. Cabr., Ens. 94,2. Brev. 8115. reconoc Brev. 8115.

Vgl. Donat 22,42: *In oc estreit* '*connoc .i. cognouit, desconoc .i. ignoravit, reconoc .i. recognouit* und 54,13: *in oc estreit*: *Locs, bocs .i. ircus.*

òc.

Jauf. — Enim. — R. Vid. II. — Flam. — Sen. — Brev. — Chastel d'amors B. Chr⁴. 274. — Gav. (174) 10, Chx. 4,85. — G. R. d'At (231) 3, D. 502. — Marcabr. (293). 2, M. G. 199. — P. R. d. Tol. (355) 6, J. M. G. 611. — P. Vid. (364) 7, Bartsch 45. — Peirol (366) 7, M. W. II, 35.

-ŏc, *part.* oc Flam. 2639. 4478 etc. 293,2. 364,7.

-ŏccem, 1. *sg. prs. c.* toc 231,3 (bis).

-ŏccet, 3. *sg. prs. c.* toc Flam. 331. 174,10.

-ŏcci, *s. r. pl.* broc 231,3.

-ŏcco, 1. *sg. prs. i.* desroc 364,7.

-ŏccum, *s. o. sg.* broc 231,3. floc 174,10. 231,3. froc 231,3. roc 231,3. deroc 231,3. *Adj. o. sg.* badoc 231,3.

-ŏcet, 3. *sg. prs. c.* loc 231,3.

-ŏco, 1. *sg. prs. i.* joc 355,6.

-ŏcum, *s. r. sg.* foc B. Chr. 274. 231,3. 293,3. loc Enim. 230,24. 234,4. 269,34. R. Vid. II, 341. Sen. 192,34. Brev. 1569. 3602. 174,10. 231,3. 293,2. 355,6. 364,7. 366,7. *Adj. r. sg.* groc 293,2.

-ŏdium, *s. o. sg.* enoc B. Chr. 274.

-ŏqui, *s. r. pl.* coc B. Chr. 274.

Perfecta.

1. *sg.* mòc Enim. 234,4. 231,3. — pòc 366,7.

3. *sg.* mòc Jauf. 151ᵃ. Flam. 2462. 6735. 7567. R. Vid. II, M. G. 341. Sen. 192,34. Brev. 1569. 3602. B. Chr. 274. 174,10. 231,3. 364,7. 366,7. — plòc 174,10. 231,3. — pòc Jauf. 151ᵃ. Enim. 230,24. 269,34. Flam. 331. 2462. 2639. 4478. 5724. 6735. 7000. 7569. 174,10. 231,3. 293,2. 355,6. 364,7.

Anmerkungen.

Von den aufgeführten Reimworten finden sich folgende im Donat unter *ocs larg*: 53,34 *Jocs*, 35 *Brocs*, 38 *Ocs*, 39 *Focs*, 40 *Floxs*, *flocs*, 42 *Cocs*, 43 *Crocs*, 46 *Deirocs*. 54,1 *Badocs*, 3 *Locs*, 6 *Rocs*, 7 *Enocs*. Auch *Maroc* (174,10. 231,3), dessen Etymon mir unbekannt ist, hat *ò*: 53,45: *Marrocs, mairocs .i. quedam ciuitas.* *toc* ist vom Donat (54,17) unter *oc estreit* geordnet, doch scheint dies nicht für alle Fälle zu gelten. Bei Simon Doria 2. (T Blatt 72ᵇ.) findet sich die 1. sg. prs. dieses Verbums mit folgenden Formen gebunden: *liòc (lŏcum)*, *iòc (jŏcum)*, *òc (hŏc)*, *fòc (fŏcum)*, *còc (còquum)*, *maròc*, *bròc*; Lex. Rom. 368 I, 2 *toc* mit *loc*; bei B. Chr. fr.⁴ 178,32 *toiche* mit *approiche* (= adprŏpiat). *oc* wurde im Provenzalischen ohne Zweifel ebenfalls bald offen, bald geschlossen ausgesprochen. Schon im Schriftlatein findet *hoc* sich lang gebraucht, namentlich bei den daktylischen Dichtern, die stets *hôc* messen (Vgl. Kühner § 136,2).

ògra.

Flam.

-ŏcra, *s. o. sg.* sogra Flam. 4178.

Conditionale I.

1. *sg* pògra Flam. 4178.

òlc.

Nic. — Flam. — G. Folq.

Perfecta.

3. *sg.* dòlc Flam. 2555. G. Folq. 279,229. — tòlc Nic. 1779. Flam. 1327. 2555. 4792. 7632. — vòlc Nic. 1779. Flam. 611. 1927. 4792. 7632. G. Folq. 279,229.

òis.

Arn. Dan. (29) 18, Can. 15.

-audius, *s. r. sg.* jois.

-ŏdius *s. r. sg.* enois. puois.

-ŏs[t], *part.* puois

-ŏssiet, 3. *sg. prs. i.* engrois.

Perfectum.

3. *sg.* dubis.

Anmerkungen.

Vgl. wegen *enòis* (= *inŏdius* für *inŏdium* lat.) das französische *anòi, anui*; ital. *nòia*; spanisch *enòjo*; portugiesisch *nòjo*.

olgra.

Flam.

Conditionale I.

3. *sg.* dòlgra Flam. 6120. vòlgra ibid.

òlgron.

Flam.

Perfecta.

3. *pl.* dòlgron Flam. 447. — tòlgron Flam. 6721. — vòlgron Flam. 447. 6721.

òls.

B. d. Born (80) 3, Stim.

-ŏles, 3. *sg. prs. i.* sols.

-ŏlis, 2. *sg. prs. i.* vols (bis).

-ŏlligis, 2. *sg. prs. i.* cols.

-ŏllis, *s. r. sg.* fols. *Adj. r. sg.* mols.

-ŏlos, *s. o. pl.* bressols. dols (bis). filhols. orzols. pairols. tersols.

-ŏlus, *n. p. r. sg.* Auriols. *S. r. sg.* tribols.

Bristols, Murols. (Etymon?)

Perfectum.

3. *sg.* assòls 80,3.

Anmerkungen.

Das betonte *o* in *Auriols*, *fols*, *Peirols* wird auch vom Donat (54,28; 54,10; 54,32) als offen bezeichnet.

óm.

Hon. — G. Folq. — Guil. d. Durf. (214) 1; R. d'Aur. (389) 15, C. M. G. 362: P. Mula (352) 1, Jahrbuch 14,151. — Serv. (434) 6, Milà 380.

-ŏmen, *s. o. sg.* nom Hon. 91,13. 214,1. 434,6.

-ŏmum, *s. o. sg.* pom G. Folq. 282,319. 389,15; 352,1. 434,6 (bis).

-ŏm, *part.* com 389,15. 352,1.

-ŭmbum, *s. r. sg.* plom 389,15; 352,1. *o. sg.* 214,1. 434,6. tom 214,1. 389,15; 352,1. 434,6.

-ŭmmum, som 389,15. 352,1.

-ŭmpit, 3. *sg. prs. i.* rom 214,1. 389,15; 352,1. cor- 214,1.

-undum, *s. o. sg.* mon 434,6.

Perfectum.

1. *pl.* fóm Hon. 91,13. G. Folq. 282,319. 214,1. 389,15. 252,1. 434,6.

ón.

Jauf. — S Est. — Flam. — Bern. d. Vent. (70) 32, B. Chr. 141. — Blacass. (96) 9, H. Arch. 34,404. — Gaucelm (165) 5, N. 434. Cop. Such. — Moter (308); D. Tr. XIII, p. 101. — P. d. Capdolh (375) 9, M. W. 1,351. — Raim. d. l. Salas (409) 1, D. 312. — Uc d. S. Circ (457) 1, J. M. G. 1137.

-dc, *part.* o 70,32.

-ŏdum, *s. o. sg.* pron 70,32. 457,1.

-ŏn, *part.* non 165,5. 409,1. 457,1.

-ŏnem, *n. p. r. sg.* Fellon Jauf. 154. *s. o. sg.* chanson Jauf. 350 (H). 70,32. 457,1 (bis). compainhon 308, D. Tr. XIII, p. 101. cordon 457,1. faillizun 165,5. faisson 375,9. 457,1.

laron 165,5. leon 70,32 etc. *Adj. o. sg.* fellon 70,32.

-ōnet, 3. *sg. prs. c.* perdon 70,32. 308, D. Tr. XIII, p. 101.

-ōni, *s. r. pl.* baron Flam. 7305.

-ŏni, *Adj. r. pl.* bon 165,5.

-ōno, 1. *sg. prs. i.* don 308, D. Tr. XIII,101. tenzon 409,1.

-ōnum, *s. r. sg.* don S Est. 23,8. 165,5. guizardon 308, D. Tr. XIII,101. 375,9. 409,1. perdon 70,32. 375,9. 409,1.

-ŏnum, *s. o. sg* son 457,1. *Adj. o. sg.* bon 70,23. 457,1.

-ŭm, 1. *sg. prs. i.* son 457,1.

-ŭnt, 3. *pl. prs. i.* son 457,1.

Perfectum.

3. *sg.* fón.

óra.

Flam. — Brev. — B. d. Vent. (70) 3, M. G. 208. — Gav. (174) 9, Chx. 4,402. — Guir. d. Born. (242) 57, A. Arch. 33,329. — P. d'Alv. (323) 9, M. G. 223. — Peirol (366) 15, M. W. II,14. — Perdigo (370) 15, Chx. 4,420. — Raim. Jord. (404) 3, A. Arch. 33,466. — Rostaing d. Merg. (428) 1, C. Cop. Bartsch. — Torcaf. (443) 2, D 480.

-ōra, *s. r. sg.* mora 242,57. 323,9. *Adv.* ora 404,3. 366,15. *Part.* aora 174,9. 242,57. 323,9 etc.

-ōram, *s. o. sg.* *ancora (f. áncŏram) 404,3. demora 428,1. hora Flam. 7939. Brev. 4068. 7973. 8583. 174,9. 242,57. 404,3 (ter). 370,15. 428,1. 443,2.

-ōrat, 3. *sg. prs. i.* adora 404,3. 428,1. alugora 70,3. assenhora 70,3. mora 428,1. demora 404,3. 366,15. desacolora 70,3. desadolora 70,3. enamora 242,57. laora 323,9. onora 366,15. 370,15. 428,1. ora 443,2. plora Flam. 4084. 174,9. 404,3.

-ōrmat, 3. *sg. prs. i.* trasfora 428,1.

-ŭrrat, 3. *sg. prs. c.* corra 174,9. se- 174,9. 428,1. a- 442,57.

Conditionale I.

1. u. 3. *sg.* fóra.

Anmerkungen.

Der Donat führt p. 61,40 *demora (.i. moratur uel ludit)* unter *o larc* auf; es gilt diese Rubricierung jedoch nicht für alle Fälle, das Wort wird auch mit geschlossenem *o* gebraucht. Vgl. die Bemerkung von Tobler (Gött. gel. Anzeigen 1872, p. 887) und von Mall (Einleitung zum Computus, p. 43). Alexius 92 steht *demoret* in Asson. mit *desiruse, angussuse, goiuse, doleruse.* Roland 2021 mit *anguisset, turnent, tute, culchet, culpe, juintes, dunget, dulce, humes, embrunchet, justet, duluset.* Elie de Saint Gille: *demor* in Asson. mit *dolor, amor, creator, iors, aour, ior.* Chev. au lyon 159 reimt *demore* : *ore*, 247 id., 649 id. etc. B. Chr. fr.[4] 93,44 *demore: ore.* 94,20 *demure: sucure.* 153,13 *akeurent: demeurent.* B. Chr. prov. 261,45 *Antiphanor: demor.*

óron.

Jauf. — Nic. — Flam.

-ōrant, 3. *pl. prs. i.* onoron Flam. 7310. Jauf. 49ᵃ.

-ŭrrunt, 3. *pl. prs. i.* corro Nic. 1597.

Perfectum.

3. *pl.* fóron Jauf. 49ᵃ. Nic. 1597. Flam. 7310.

órs.

G. Folq. — Gauc. Faid. (167) 27, D 152; 30, A. Arch. 51,277. — Lantelm (283) 2, T. Cop. Bartsch.

-ōres, *s. o. pl.* amadors 167,27. 283,2. clamors 167,27. dolors 283,2. flors 167,27. 283,2. honors 167,27. maiors

G. Folq. 278,179. 167,37. meillors 167;27,30. ualors 167.27.

-ŏrsum, *adv.* aillors 167,27,30.

-ŏrtes, *s. o. pl.* cors 283,2.

-ŏr(—)s, *s. r. sg.* amors 167;27,30. 283,2. calors 167,30. colors 167,27. dolors 167,27. dousors 167,27. errors 167,27. folors 167,27. langors 283,2. paors 167;27,30 (bis). 283,2. ricors 167,30. sabors 167;27,30. 283,2. ualors 167;27,30.

-ŭrsum, *s. o. sg.* secors 167,30. 283,2.

-ŭrsus, *s. r. sg.* secors 167,27.

Perfectum.

3. *sg.* sórs 167;27,30. 283,2. re- G. Folq. 278,179.

Anmerkungen.

Bei *colors*, *socors*, *flors*, *amors*, *calors*, *sabors*, *ualors*, *honors*, *paors*, *dousors* und der 3. Sg. Perfecti *sors* wird die geschlossene Aussprache des *o* vom Donat bestätigt, vgl. p. 56 unter *ors estreit*.

aillórs. Förster setzt für *ailleurs* (Glossar zu Aiol) **aliŏrsum* an, das Provenzalische aber verlangt *ôrsum* als Grundlage. Bei B. d. Ventad. B. Chr. 62, P. d'Alv. B. Chr. 79, P. Vid. B. Chr. 107 ist *aillors* mit *ó* gebunden, im Alexius findet sich ailurs.

cors 283,2 ist als *córtes* zu fassen: *qu'entre ls amantz es aital as els cors.*

òrs.

Brev. — Arn. Dan. (29), 18. Can. XV.

-aurus, *s. r. sg.* tresors 29,18.

-ŏrd—s, *s. r. sg.* cors 29,18.

-ŏris, *adv.* fors 29,18.

-ŏros, *s. o. pl.* demors 29,18.

-orpus, *s. r. sg.* cors Brev. 19801. *o. sg.* cors Brev. 21490.

-ŏrsum, *p. p.* comors 29,14.

Perfectum.

3. *sg.* estòrs Brev. 19801. 21490. 29,18.

ós.

Jauf. — Enim. — Nic. — R. Vid. I, II, III. — N Pap. — Flam. — S Freund. — S Reue. — Arn. d. Mar. — Sen. — Diät. — G. Cerv. — Brev. — Ad. l. Negre (3) 3, D. 656. — Aim. d. Peg. (10) 7, A. Arch. 34,162. — Aim. d. Sarl. (11) 1, E. M. G. 20. — Alb. d. Sest. (16) 7, J. M. G. 781. C. M. G. 780; 9, A. Arch. 33,446; 11, C. M. G. 782; 12, A. Arch. 33,445; 16, P. O. 299. — Arn. Dan. (29) 16, Can. III. — Arn. d. Mar. (30) 9, M. W. 1,162; 13, M. W. 1,159. — B. d. Palaz. (47) 3, L. R. 359. — B. d. Vent. (70) 8, M. G. 33; 11, M. W. 1,18; 22, M. W. 1,28; 28, M. W. 1,13. — B. d. Born (80) 8; 24; 41. Stim. — Blacatz (197) 6, Chx. 3,337. — Dasp. (122) 1, D. Tr. p. 41. — El. d. Barj. (132) 5, P. O. 98. — El. Cair. (133) 12, A. Chx. 3,433. — Folq. d. Mars. (155) 9, E. M. G. 59; 12, Chx. 3,155; 18, A. M. W. 1,319. — Folq. Rom. (156) 7, L. R. 3, 170. — Gauc. Faid. (167) 16, M. G. 455 C; 20ᵃ, J 165. Cop. Bartsch; 35, U, Arch. 35,441; 37, A. Arch. 51,279. — G. d. Poicib. (173) 1, M. G. 350. — Gav. (174) 4, P. O. 43. — Granet (189) 1, Chx. 4,237. — G. d'Uis. (194) 8, Chx. 3,379; G. d'Uis. 19. U; P. d'Uis. 1; Sav. d. Malleon H. — G. Adem. (202) 12, Chx. 3,193. — G. d. Berg. (210) 5, J. Kell. 6. — G. d. S. Leid. (234) 2, C. M. G. 196; 11, M. W. II,48. — G. d. Mur. (226) 1, M. W. 4, 246. — G. Raim. (229) 4, H. Arch. 44,412. — Guir. l. Ros. (240) 8, J. M. G. 575. — G. d. Born. (242) 1, A; 7, D; 9, V; 40, A; 41, A; 73, L. R. 379. — G. Riq. (248) 25, M. W. 4,246; 44, M. W. 4,31; 47, M. W. 4,72; 69, M. W. 4,27; 77, M. W. 4,233; 79, M. W. 4,50. — J. Rud. (262) 6, (Stim. p. 42). — M. v. Mont. (305) 2, Ph. 2; 4, Ph. 3; 12. — P. Card. (335) 39, M. W. 2,227; 54, J. M. G. 1230. — P. R. d. Tol. (355) 18, Arch. 35,421. — P. Rog. (356) 4, M. W. 1,123. —

P. Vid. (364) 14, Bartsch 41; 17, B. 3; 21, B. 2; 22, B. 28; 34, B. 10; 39, B. 23. — Peirol (366) 4, M. W. 2,10; 11, M. W. 2,23. — Perdigo (370) 3, U. Arch. 35,437. V. Arch. 36,444. — R. d'Aur. (389) 8, A. — R. d. Vaq. (392) 4, M. W. 1,371; 6, C; 20, M. W. 1,372; 23, U. Arch. 35,413; 28, D 364. — R. Jord. (404) 4, P. O. 200. — Ralmenz (416) 4. F 144. — Uc d. S. Circ (457) 33, A. B. Chr. 160. — N. M. G. 282. (461,5) — N. M. G. 278. (461,7). — P 134. Arch. 50,280. (461,45). — R. Z. B. Denkm. p. 68. (461,123).

-ōdes, *adj. o. pl.* pros 80;8,41. 189,1. 242;1,41 etc.

-ōdis, *adj. r. sg.* pros Flam. 7886. Arn. d. Mar. 412. Sen. 202,27. Dist. 201,9. 3,3. 11,1. 16;7,9,16. 29,16. 30;9,13 etc.

-ōnes, *s. r. pl.* faissos 10,7. 16,7. 97,6 etc. papallos 189,1. *S. o. pl.* auzellos 97,6. 155,12. basclos 80,24. bailos S Reue 235, XV. 189,1. boissos 70,11. 80,8. bordos 80,8. chanzos 3,3. 16;12,16. 47,3 etc. companhos R. Vid. II;218,32. 80,41. 122, D. Tr., p. 41. 133,12 etc. complectios S Reue 223, VIII. devotios S Reue 223, VIII. escalos S Reue 223, VIII. esperos 242,1. entensios 226,1. escalos 80,8. faissos S Reue 235, XV. 3,3. 29,16. 30,13. 47,3 etc. garços 80,24. 364;17,14. gazardos S Reue 235, XV. horazos Nic. 1376. layros S Reue 235, XV. Brev. 19376. 122, D. Tr. p. 41. maisons 335,54. melos 80,24. meillurazos S Reue 235, XV. 370,3. messios 16,16. 80,8. 364,17. moutos 80,24. ochaizos 70,11. 194,8 etc. orazos S Reue 233, VIII. 234, 2 (bis). pairos S Reue 223, VIII. partizos 80,8. peissos S Reue 235, XV. 335,54. possessios S Reue 235, XV. 189,1. preisos 80,8. 305,12. 461,5. razos S Reue 223, VIII. 235, XV. Arn. d. Mar. 409. 16,12. 173,1. 210,5 etc. sazos S Reue 223, VIII (bis). 70,8. 107,37. 194,8 etc. sermos 234,2. 242,41. 335,54. soapeizos 16,11. 248.79. tensos 305,12. tracios 70,11. tribulatios S Reue 223, VIII. 235, XV.

-ōnos, *s. o. pl.* aigros 70,11. baros 80,8 (bis). 202,12 etc. dos Flam. 216. 80,24 (bis). 155,18. 167,16 etc. guizerdos 70,11. perdos 70,11. 335,54. tros S Reue 235, XV.

-ŏnos, *s. o. pl.* sos 80,24. 173,1 etc. *Adj. o. pl.* bos Brev. 2100. 47,3. 122, D. Tr. p. 41 etc.

-ónset, 3. *sg. prs. c.* espos 174,4.

-ónsi, *p. p.* respos Enim. 262,28.

-ónsos, *s. o. pl.* espos 335,39. respos 97,6. 132,5.

-ónsuit, 3. *sg. prs. i.* descos 155,9.

-ónsum, *n. p. o. sg.* Anfos 248,44. 248,79. 364,39. *S. r. sg.* rospos 167,35. 194,19 etc. *o. sg.* espos S Reue 223, VIII. rescos 70,28. 80,8. 155,18. etc. respos 11,1. 16,9. 70,28 etc. somos Jauf. 99a. 356 (H).

-ónsus, *n. p. r. sg.* Anfos R. Vid. III;164,28. Flam. 7870. 248,77. 364;14,17. *S. r. sg.* tos 80,24. 174,4. *Adj. r. sg.* rescos S Reue 235, XV.

-ōnum, *s. o. sg.* guizerdos 155,18. perdos 16,12. 155,13 etc.

-ōnus, *s. r. sg.* dos 16,12. 70,28 etc. guizerdos 16,12. 47,3. 70;8,28 etc. perdos 80,41. 194,8 etc. ronhos 80,24.

-ŏnus, *s. r. sg.* ressos 242,40. 248,79. 335,39. sos 202,12. *Adj. r. sg.* bos Flam. 1725. S Reue 223, VIII. Brev. 8595. 19014. 3,3 11,1. 16;7,12,16. 30;9,13 etc.

-ōn-s, *n. p. r. sg.* Catos S Reue 235, XV. Leos 248,77. 364,17. Monleos 132,5. Montaldos 305,12. Salamos S Reue 223, VIII. 235, XV. Trencaleos 132,5. *S. r. sg.* chanzos 11,1. 29,16. 155,12 etc. entensios S Reue 235, XV. 234,2. faissos 240,8. 242,73. generatios S Reue 235, XV. leos 80,24. messios 242,1. 364,39. moutos 80,24. ochaizos 3,3. 30,13. 133,12 etc. paos 80,24. polmos 80,24. possessios 242,41. preisos 70,22. razos S Freud. 95,315. S Reue 223, VIII (bis). 235, XV. 11,1. 16,16. 29,16. 80,41 etc. rezemsos [illegible] Reue

[illegible] III (bis). [illegible] 80,8. [illegible] 174,4.

[illegible] Reue 223,VIII. [illegible] Vam. Jos 10,7. [illegible] etc. amdos [illegible] S Reue 223,VIII. [illegible] Brev. 1321. 11,1. 16,12. [illegible] Pon. los 189,1. nos [illegible] S Reue 223,VIII (bis). [illegible] 80,8 (bis). 122, D. [illegible] etc. vos (c. r.) 10,7. [illegible] etc. (c. o.) Jauf. 84ᵃ. [illegible] R. Vid. I. Flam. 4208. [illegible] 223,VIII (ter). 235,XV. 10,7 [illegible] 30,13. 70;8,28 (bis) etc.

[illegible] cochos Jauf. 59ᵃ. 305,12. [illegible] misericordios 122, D. Tr., [illegible]

[illegible] *r. pl.* enuyos 70,8 *Adj. r. pl.* amoros 97,6. 155,12 etc. angoissos 70,11. cabalos 133,12. cobeitos 80,41. contrarios R. Vid. III;189,25. 364,22. 370,3. coragos 189,1. deziros 248,44. enveios 133,12. 191,3 etc. enginos 335,54. lebros Enim. 240,9. orgoillos. 122, D. Tr., p. 41 364,30. paoros 335,54. poderos 133,12.

-osos, *s. o. pl.* amoros Flam. 5230. iros 389,8. *Adj. o. pl.* amoros 16,9. 70,28. 226,1 etc. angoissos 248,63. cabalos 226,1 (bis). 248,47. 392,23. enuyos 364,14. enveios 30,9. 70,28. gelos 356,1. malicios S Reue 223,VIII (bis). orgoillos 242,1. 364;17,14. 248,44. saboros 335,54. vergoignos 248,44.

-osum. *n. p. o. sg.* Livernos 248,77. *S. o. sg.* folhos 262,6. *Adj. o. sg.* amoros 30,13. 70,11. 132,5 etc. angoissos 356,11. aventuros 44,3. 47,5 cabalos 248,77. 370,3. cobeitos 335,54. cossiros 218,47. 416,4. 461,7. doloros 392,23. doptos 70,22. enuyos 70,22. enveios Flam. 2472. 47,3 etc. gelos 364,39. ginhos 47,3. 174,4. 226,1. glorios 122, D. Tr. p. 41. 248,44. 461,123. joios 16,9. 29,16. 132,5 etc. lebros Enim. 218,23. meravilhos Nic. 1521. 262,6. nualhos S Reue 223,VIII. orgoillos 167,85. 173,1 etc. paratjos R. Vid. III;160,14. perilhos S Reue 235,XV (bis). pietados 234,2. poderos S Reue 223,VIII. 248,44 (bis). precios 234,2. 461,123. rovilhos 226,1. sufraitos S Reue 223,VIII. vermenos 364,39.

-osus, *n. p. r. sg.* Livernos 248,77. *S. r. sg.* cavilhos 226,1. enuyos 226,1. fugairos Flam. 3004. ricos 335,39. *Adj. r. sg.* aissos 356,4. amoros 16;7,16. 30,9. 70,11 etc. angoissos Flam. 6116. 16,16. 167,35 etc. aondos 234,2. auctos 389,8. autoros 248,63. aventuros S Reue 235,XV. 11,1. 155,12 etc. cabalos S Reue 223,VIII. 16,11. 47,3. 132,5 etc. clamos 3,3. cobeitos 132,5. 155,12 etc. cochos S Reue 223,VIII. 80,24. 167,35 etc. contrarios 167,20ᵃ. 226,1 etc. coragos 122 D. Tr., p. 41. cossiros Flam. 4204. 4434. 155,18. 156,7. 167,16 etc. delechos 202,12. 262,6. 364;17, 21,34. desaventuros 242,7. doloros 80,41. 248,63. doptos 226,1. 234,2 etc. enuyos S Reue 223,VIII. 80,24. 133,12 etc. enveios Flam. 7223. 3,3. 16;9,11. 70;11,22,28 etc. forfaichos S Reue 223,VIII. frachuros Brev. 1277. gelos Flam. 874. 1117. 70,11. 167,20ᵃ etc. ginhos 155,12. 202,12. 248,25 etc. glorios S Reue 223,VIII. 234,2. gracios 248,47. janglos 392,6. joios N Pap. 259,11. S Reue 223,VIII. 3,3. 16;7,12,16. 47,3 etc. lezeros 80,8. limos 234,2. malicios S Reue 223,VIII. meravilhos Flam. 3056. S Reue 235,XV. 226,1. 234,2. 248,25. misericordios S Reue 223,VIII. Brev. 13175. nelechos S Reue 223,VIII. 226,1. 248,25.

nualhos 80,24. 202,12. 364,89. oblidos 30,9. orgoillos S Reue 223,VIII. 30,13. 70,28 etc. paoros 155,18. perezos Brev. 14060. perillos S Reue 223,VIII. 155,18. 202,12. picos 226,1. ploros 248,63. 389,8. poderos S Reue 235,XV (bis). Brev. 1087. 2710. 70,28. 155,9 etc. precios S Reue 223,VIII. rancuros 189,1. 461,25. religios 389,8. saboros S Reue 223, VIII. 235,XV. 16,12. 248,47,63 etc. sofreitos 70,11. 335;39,54. 457,33. somelhos 80,24. talentos 364,34. temeros Jauf. 74b. Brev. 19021. 16,7. 155,16 etc. tenebros 80,41. vergoignos 194,8. vertuos 234,2. voluntos 97,6. 167,35. 202,12 etc.

-ūcem, *s. o. sg.* cros Nic. 1533. S Reue 235,XV.

-ūsit, 3. *sg. prs. i.* tos Flam. 6874.

-ūsus, *n. p. r. sg.* Ros 248,77. *P. p.* socos S Reue 223,VIII.

-ūssos, *adj. o. pl.* ros 30,13.

-ūsum, *n. p. o. sg.* Ros Jauf. 83b. *Adj. o. sg.* ros 364,21.

-ūsset, *n. p. r. sg.* Malafos 174,4.

Perfecta.

2. *pl.* fós 248,44. 457,33.

3. *sg.* respós Jauf. 70b. 83b. 84a. Nic. 601. Flam. 4208. 4474. 5462. 7287. 7517. — secós Flam. 874. S Reue 235,XV. — somós Flam. 7022.

Conjunct. Imperfecti.

1. *sg.* fós Flam. 4174. Brev. 19014. 11,1. 30,9. 70,8. 156,7. 167,37. 356,4. 364,17. 366,11. 389,8. 392.23.

3. *sg.* Enim. 218,23. 240,9. 249,7. 262,1. 267,36. Nic. 1376,1521,1533. R. Vid. I,410. II,218,32. 228,22. III;160,14. 164,28. 189,25. N Pap. Flam. 216. 1117. 1725. 2004 etc. S Freud. 95,315. S Reue 223,VIII. 235,XV. Arn. d. Mar. 409,412. Sen. 202,27. Diät. 201,9. G. Cerv. Brev. 1087. 1277. 1321. 2100 etc. 3.3. 10,7. 16;7,9, 11,12,16. 29,16. 30,13. 47,3. 70;11, 22,28 etc.

Anmerkungen.

Jaufre Rudel 6 liest Stimming mit Unrecht *a reversos* für das *a reüsos* der Handschriften A. B. D. J. R. Das Wort, welches »zurück« bedeutet findet sich auch noch an einigen anderen Stellen: Boethius 212 steht es in einer *ó* Tirade; Dern. Troubadours p. 31 ist *rebuzan* durch *rehuzan* zu ersetzen, ferner vergleiche man M. I, 53 und G. d. Ross. 5180.

Flamenca 5462/3 findet sich *espos* im Reime mit *respos*, dieses hat regelrechter Weise ein geschloss. *o*, jenes aber muss der Grundlage und dem Zeugniss des Donat nach (23,2 *In os larg ‚apos .i. apposuit, despos .i. deposuit'*) ein offnes *o* besessen haben, es liegt also ein ungenauer Reim vor.

óssan.

Flam.

-ūssando, *ger.* tóssan (*für* tossán) Flam. 1193.

Imperfect. Conj.

3. *pl.* fóssan Flam. 1194.

ósson.

Flam.

-ūssiunt, 3. *pl. prs. i.* tosson Flam. 7171.

Imperfect. Conj.

3. *pl.* fósson. Flam. 7171.

ót.

Flam. — Gauc. Faid. (167) 50, C. M. G. 493. — Graf. v Poit. (183) 10. — Guill. d. S. Leid. (234) 7, P. O. 283. — Joan Est. (266) 5, Azaïs p. 97. — P. Reim. d. Tol. (355) 5, B. Chr. 87. — 461,226. C. M. G. 98.

[illegible] 3. *sg. prs. c.* enui 234,7.

[illegible] 3. *sg. prs. i.* adui 234,7. condui 234,7. desdui 234,7. endus 234,7. [illegible] 234,7.

[illegible], *adj. o. sg.* 234,7. astrui 234,7.

-ügit, 3. *sg. prs. i.* brui 234,7.

-üglt, 3. *sg. prs. i.* defui 234,7.

-üglum, *s. o. sg.* brui. 266,5. 355,5.

-üi, *num.* abdui 183,10. amdui 266,5.

Pron. autrui Flam. 4649. 234,7. 355,5. 461,226. celui 183,10. 234,7. cui 234,7. 355,5. lui Flam. 7342. 234,7 (bis). 1. *sg. prs. i.* sui 355,5 (bis). 461,236.

-*üit (*alt*-ŭvit), 3. *sg. prs. i.* destrui 234,7. 355,5.

Perfecta.

1. *sg.* fúi.

S. 1, Z. 1 v. u. st.: »ist aber nur ein äusserliches.« l. »deutet den Weg zur Erklärung nur an.« — S. 4, Z. 10 v. u. st.: »**S Freund.**« l. »**S Frend.**«.— S. 8, Z. 7 v. u. nach: »Boeth. 180« füge ein: »1. Pl. *fim=fécim(us); fesém =fécim(us)*«. — S. 9, Z. 10 v. u. tige »mit Ausfall des Labials«. — S. 12, Z. 3 u. 2 v. u. l. »weist in der 1. Sg. *nasqués*, in der 3. sowohl etc.« — S. 14, Z. 8 nach »Die« füge ein »1. Pl. *mesém (misimus)*, die«. — **querre** Z. 5 nach »ansetzen« füge ein »; vgl. Z. f. r. P. V,50 (Stünkel). — Z. 3 v. u. l. »Hentschke«. — S. 15 Z. 5 v. u. nach »*reems*« füge ein: »Neben diesen stammbetonten Formen besteht *rezemèt* (Brev. 21085), im Imp. C. *rezemès* (Brev. 24481). — S. 18 Z. 1 füge ein »*(recenbist* Brev. 26167). — S. 20 Z. 18 st. »*vengués* gilt für die 2. Pl.« l. »*venguém* gilt für die 1. Pl., *vengués* für die 2. — S. 22 Z. 16 v. u. füge vor »*aguen*« ein : ein. — Z. 9 v. u. st. »Die 2. Pl. *accés* ist aus« l. »*acasém* und accés (1. u. 2. Pl.) sind aus *aguessém* und«. — Z. 8 v. u. tilge »ebenso — Pl.« — Z. 5 v u. nach »200« füge ein »Z. f. r. P. VII,403« — Z. 1 v.u. setze vor »Für die 1. Pl. ist *degém* belegt« — S. 29, Z. 11 v. u. l. »Überreste«. — Z. 10 v. u. l. »das i« st. »da i«.— S. 32, 1 **faire** Z. 2 nach »*fim*« füge ein »*fesém*«. — S. 33, 1 **metre** Z. 1 st. »*mezist*« l. »*mezist(tra-)*.« — Z. 3 füge ein: »4. *mezém*« — **rezemer** füge an: »*rezemèt*. C. Imp. *rezemès*« — S. 33, 2. **percebre** füge ein: »Perf. 2. *recenbist*« — S. 34, 1 Z. 1 v. u. füge ein: »4. *venguém*.« — S. 34, 2 Z. 4 v. u. füge ein: »4. *acsém*« — ib. Z. 2 v. u. f. ein: »4 *deguém*« — S. 35, 2 Z 1—4 l. »B. Mit *dĕdi* etc. gebildete Perfecta.« — S. 36 st. »II« l. »III« — ib. **-ac, -acum** Z. 8 l. »Saidrag« — S. 38, 1 Z. 3 l. »364;34,35.« — ib. **axet** Z. 2 l. »80,12 etc. es-167,8.« — S. 40,1 Z. 5 füge nach »Fälle.« ein: »Vgl. auch Z. f. r. Ph. VII, 391« — S. 41, 2 füge am Schluss der Bemerkungen an »W. Meyer (Literaturbl. 84 Sp. 186 schlägt *nequus* als Etymon vor« — S. 44, 1 Conj. Imperf. Z. 3 l. »amenássem« — S. 45, 1 **èra** Z. 2 l. »(227) 11.« st. »(227)« — S. 46, 2 Z. 18 v. u. l. »(133)3« st. »(131)3« — Z. 2 v. u. l. »I.« st. »S.« — S. 50, 1 Z. 6 v. u. l. »Crois. 202« — S. 50, 2 Z. 8 füge zu: »284:35.« — S. 51, 1 Z. 8 v. u. tilge »11.« — S. 51, 2 **cazès** Z. 6 nach »*risquis* 3. *sg*.« füge ein »Brev. 15026 — ib. Anm. Z. 7 füge zu: »Brev.« — S. 53, 2 Z. 5 l. » | *Des*-« — S. 55, 1 Z. 1 v. u. nach »280« füge ein: »u. Z. f. r. Ph. VII, 394 — S. 56, 1 Perfecta Z. 5 l. »22215, 28306. (fetz) Brev. 25745. 305,10« — S. 61, 2 Z. 4 v. u. l. »3. *sg.* fò«.
